国家主義を超える
日韓の共生と交流

日本で研究する韓国人研究者の視点

韓国人研究者フォーラム編集委員会
李旼珍・鞠重鎬・李正連 編

明石書店

挨　　拶

　韓国人研究者フォーラム（Korean Scholars'Forum in Japan ／ KSFJ）は、2008年5月24日法政大学市ヶ谷キャンパスにて、遠く北海道や新潟からの参加者を含む22名の韓国人研究者が集まり、「(仮称) 韓日研究者フォーラム」の立ち上げについて合意し、第1回目の定例研究会を行ったことに遡ります。

　フォーラムは、会則前文（本書199-200頁）に謳われているように、現在おそらく1000人に近いと思われる韓国人研究者が日本の大学や研究所で活動している現状の中で、互いの学術的な交流及び相互親睦を図るとともに、韓国・朝鮮オリジンの研究者のデータ・ベースの整備を通じて韓国人研究者ネットワークの構築を目指すことを目的とする自生的な民間団体です。

　足掛け8年余りの間に、45回の定例研究会と10回あまりの全国的規模のシンポジウムを開催し、本フォーラムのホームページには「KSFJコラム」や「書評」の連載等を通じて、韓国人研究者間の学術的・知的・人的交流を深めるとともに、韓国・朝鮮オリジン研究者のデータ・ベースを充実させることなどにひたすら心がけてきました。

　そして、本フォーラム及び会員の研究者たちの活動を活字にして世に残す作業の必要性を改めて認識し、昨年韓国国民大学校日本学研究所と相互協力の出発点として「韓日国交正常化50周年特別共同企画」として、すでに日本学研究では権威のある雑誌『日本空間』第17号を共同で編集・刊行しました。そして、第2番目の企画が本書です。本書には、これまでの本フォーラムの活動の記録と、8本の会員研究論文が収録されております。会員からの論文を現在の体裁に編集してきた編集委員会の皆様の労をねぎらい、心からお礼を申し上げます。今後も会員たちの研究成果を取りまとめて「韓国人研究者フォーラム学術叢書」として世に出していく努力を続けて参る所存です。

　今後も日本全国で研究教育に邁進している韓国・朝鮮オリジンの研究者を把握し、束ね、ネットワーク化していきながら、韓日の草の根レベルの

交流増進に寄与するとともに、在日韓国・朝鮮人を含む外国人の権益擁護及び増進、そして豊かな日本社会の実現へ何がしかのお役にたてるよう頑張っていく所存ですので、どうか引き続きご支援ご鞭撻をよろしくお願い申し上げます。

　最後に本書の刊行に必要な出版助成をしてくださった韓国の「金熙秀顕彰会」と本フォーラムの幹事である申景浩理事に心から御礼を申し上げます。明石書店の森本直樹氏との出会いが本書誕生の始まりで、プロの編集者関正則氏の手を経て本書は完成した。「韓国人研究者フォーラム」を代表してお2人に心から御礼申し上げたい。

2016年4月
韓国人研究者フォーラム代表・横浜国立大学教授
柳赫秀

はしがき

　本書の企画は、日本で教育・研究活動を行う韓国人研究者が、研究交流とネットワーク形成のために、2008年5月に設立した「韓国人研究者フォーラム」から生まれたものである。「韓国人研究者フォーラム」は、研究会やシンポジウムの開催を通じ、研究者・市民が日韓双方の問題の認識を深め、その取り組みを共有する活動を行ってきた。そうした活動の中から、本書の企画が次第に浮かび上がってきたのである。

　企画が具体化しはじめた2014年は、日韓国交正常化50周年の2015年を翌年に控えながら、2012年から高まった日韓の政治的緊張がいまだ解けず、さまざまな期待と観測が飛び交う中、これ以上日韓関係を悪化させてはいけないという声があがりはじめた時期であった。日韓の最大の懸案である日本軍慰安婦問題が解決されることを望む声や日韓首脳会談の実現を期待する声、また安倍首相の70年談話の内容に関する観測などを耳にすることが多かった。こうした中、2014年12月に「ヘイト・スピーチ」に対する司法の判断が出た。「在日特権を許さない会」（2007年1月結成、以下、「在特会」）が京都朝鮮学校の初級学校校門前で行った「ヘイト・スピーチ」に対し、最高裁より人種と国籍で差別するその違法性を認めた判決が出された。「在特会」などの右翼団体が差別と排外主義を扇動するヘイト街宣デモは、2012年ころには東京、京都、大阪、神戸、川崎、福岡、札幌など全国の都市で行われるようになったが、こうしたヘイト・スピーチに対抗する動きも広がった。2009年10月に「ヘイト・スピーチに反対する会」の結成を皮切りに2013年に「レイシストをしばき隊」「のりこえねっと――ヘイト・スピーチとレイシズムを乗り越える国際ネットワーク」の結成、有田芳生参議院議員を中心にヘイト・スピーチに対する法規制の実現を目指す国会集会など、ヘイト・スピーチに対抗する会の結成・集会が相次いだ。こうしたヘイト・スピーチに対抗する運動には人権、公正という普遍的価値が共有されていると言えよう。

　2000年代以降日本と韓国との間に文化交流が活発になったが、同時に日本では「嫌韓」現象が勢いを増しヘイト・スピーチが公然と行われるよ

うになった。ナショナル・アイデンティティや国家主義は日韓関係にも影を落としている。

　本書は、日本と韓国がナショナル・アイデンティティや国家主義を超えて、さまざまな分野で相互協力・共存関係を築くことができるかを模索するために、企画されたものである。

　本書の第Ⅰ部は、1965年以降現在までの日韓の経済関係の構造変化を分析しながら、日韓経済の共存を展望する、2つの章からなる。

　1965年の国交正常化以降の、いわゆる「65年体制」を土台にした日韓関係は、1990年代に大きな構造変容を迎えた。その構造変容の1つに、日本と韓国のパワーの相対的均衡化が挙げられる。韓国の経済成長により、日本と韓国との国力不均衡は次第に均衡のとれた力関係に変わっていった。特に2000年代以降サムソンに代表される韓国企業の躍進は、日本では世界における日本企業製品のシェアを奪うライバルの登場として捉えられた。

　「第1章　国交正常化以降における日韓経済財政政策の比較」(鞠　重鎬)は、1965年の日韓国交正常化以降の50年（1965年～2014年）を対象に、日韓の実質GDP成長率や両国の経済パフォーマンスを比較し、所得水準の日韓格差が縮小傾向にあることを示すとともに、韓国の一人当たりGDPが日本のそれをいつ追い抜くかについて試算を示している。

　「第2章　依存から競合、そして新たな共存へ向かいつつある日韓経済」(權　五景)は、「韓国の経済発展は日本経済に脅威になるのだろうか」、また、「日本経済の停滞は韓国にとってプラスになるのだろうか」という問いを設定し、韓国企業の成長は日本の中間財企業の好調に働き、逆に日本の中間財企業の停滞は多くの韓国企業にとってマイナスに働くという関係にあることを明らかにしながら、近年競合の度合いを増している日韓企業がウィン・ウィン関係に向かうために必要なことについて模索する。

　本書の第Ⅱ部は、政府間関係や経済関係がメインであった「65年体制」の日韓関係に変化をもたらした文化交流によって起こった諸現象と、「65年体制」が封じていた歴史問題に関するメディアの表象とについて取り扱う3つの章からなる。1998年10月に韓国政府（金大中政権）が日本の大衆文化の開放政策を実施する前にも、日本の歌謡曲の海賊版や、マンガ、アニメが韓国で非公式に流通し消費されていたが、韓国政府による日本文化の公式開放は日韓の大衆文化の交流をさらに活発化させ、日本における「韓流」ブーム、韓国における「日流」ブームを起こす契機を与えた。

2000年代半ばになると、日韓の大衆文化の交流は日常化するようになったといえる。日韓の活発な文化交流は相手国の言語学習の需要増をもたらし、日本では韓国語を、韓国では日本語を学ぶ人が増加した。一方、日本では、「韓流」ブームと同時に「嫌韓」現象が進行し、匿名性の高い電子掲示板を中心にいわゆる「嫌韓言説」が持続的に生産、流通されるようになった。

第Ⅱ部の前半の2つの章は、相手国の言語教育や文化交流を通じてどのように文化理解や文化連帯が可能であるかを模索する。「**第3章 日本における韓国語教育と韓国における日本語教育**」（金 敬鎬）は、近世から21世紀の現在まで日韓両国において外国語としての韓国語と日本語がどのように教育・学習が行われてきているかを明らかにする。さらに、日韓両国における外国語としての韓国語と日本語の学習者は増加するという推察を示しながら、これからの両国における韓国語と日本語教育は、それぞれの文化を認め合い、尊重する姿勢で行われるべきであることを提案する。

「**第4章 ソフトパワーとしての韓流と嫌韓流論、そして韓流食客たち**」（李 香鎮）は、韓流の日本におけるサブカルチャーとしての定着過程を、韓流ソフトパワー論と嫌韓流論とは区別し、これら2つの言説の政治性を止揚する「第3の韓流論」として分析している。著者は、韓流によって顕著に可視化した変化の特徴は、10年余りという短期間で、差別されてきたマイノリティー民族集団・旧植民地国家の食文化が日本の一般家庭や学校給食、全国の居酒屋やコンビニにまで浸透し、日常生活の一部となったことにあると捉え、こうした韓流によってもたらされたグローバル文化に対する日本社会の認識の変化はグローバル化が進行している今日、他国にも示唆する所が大きいことを強調する。

第Ⅱ部の最後の第5章は新聞で韓国（韓国人）や日本（日本人）に対する排他的他者認識がどのように構築されるかについて分析する。「**第5章 謝罪する日本（日本人）の表象**」（黄 盛彬）は、1965年の国交正常化の前後の時期、歴史教科書問題以後の1980年代後半から1999年までの時期、2000年以降の時期に分けて、謝罪が日本と韓国の新聞でどのように表象されてきているか、またその政治社会的背景について分析し、韓国の新聞では「謝罪する日本人」、日本の新聞では「謝罪を要求する韓国人」がニュースになっていることを明らかにする。さらに、著者は、日韓で見られる謝罪をめぐる負の連鎖、すなわち謝罪－反発の繰り返しを断ち切るため

に、歴史を考える際の、強固で疑えない自己としてのナショナリズムと、それを可能にする排他的他者認識からの脱却が求められることを示唆する。

本書の第Ⅲ部は、1980年代後半以降韓国社会の民主化や韓国の市民運動の成長に伴い拡大した、日本と韓国の市民社会レベルの交流に注目し、国家主義を超える日韓交流の実現の可能性を展望する第6章と第7章と、在日韓国人の人権問題を通して市民社会的価値である人権について議論する第8章とからなる。

「第6章 日韓自治体交流の軌跡と展望――川崎市と富川市の教育・文化交流を中心に」(李 正連)は、日本の川崎市と韓国の富川市が自治体と市民の協働による教育・文化交流を通して友好な関係を保持し続けていること、特に在日コリアンの高校生を入れた両市の高校生交流「川崎・富川高校生フォーラム・ハナ」が毎回歴史フォーラムを通じて相互理解を深め、国境や国籍等を超える「チング(친구, 友達)」になるための努力を重ねてきていることを示す。著者は、ハナの活動から持続可能な日韓友好交流の可能性を示唆する。

「第7章 日韓の市民団体・労働団体の交流とその成果」(李 旼珍)は、日韓の市民団体・労働団体間の交流について環境運動、反核・平和運動、地域運動・労働運動に分けて、考察し、日韓市民社会の交流が互いの市民社会運動に影響を与え、両国の市民社会への理解を深めるなどの諸成果を明らかにする。こうした考察を踏まえ、著者は、日韓市民社会の交流こそ、偏狭なナショナリズムを克服し、東北アジアにおける紛争予防・環境問題の解決・多様な文化の調和と共生を図っていくための重要な要素であることを強調する。

「第8章 在日韓国人の人権問題に関する考察」(申 惠丰)は、在日韓国人の人権について、日本が締約国となっている国際人権条約の規範に照らして検討し、日本が取り組むべき課題について論ずる。そして、著者は、ヘイト・スピーチの根源には他人種・民族への不寛容や無理解、偏見があり、特に在日韓国人へのヘイト・スピーチは、日本と朝鮮半島をめぐる現代史への無知によるものであり、現代史教育への取り組みが必要であることを強調する。

言論NPO、東アジア研究院の「第3回日韓共同世論調査」(2015年)によれば、日韓関係が「重要である」と考える日本人は65.3％、韓国人は87.4％という結果が出ており、日韓関係の重要性については、両国の国民

レベルで幅広いコンセンサスがあることがわかる。また同調査によれば、相手国への渡航経験や直接交流を持つ割合が大幅に多い有識者の場合、相手国に「よい」印象を持つ割合が日本は42.7％、韓国は55.2％と、一般国民の「よい」印象（日本23.8％、韓国15.7％）を持つ割合よりはるかに高い。

このように、日韓関係が重要であるという国民的コンセンサスが日本と韓国で共有されているなら、日本と韓国の双方は国家主義の持つ排他的・閉鎖的・攻撃的側面を抑制するための努力を重ねなければならない。その努力とは、日本と韓国がいろんな方面での交流を続けるとともに、両国の社会が抱える問題（少子高齢化問題、福祉問題、雇用問題など）や、グローバルな問題（気候問題、環境と生態系保護問題、平和と核軍縮問題など）で協力を重ねることで相互理解と信頼関係を構築していくことであろう。

本書の刊行が、韓国人の研究者・市民と日本人の研究者・市民との交流をより一層促進する契機になることを願う。

最後に、本書の刊行のために出版助成金を出してくださった財団法人秀林文化財団、また本書の出版を引き受けてくださった明石書店、とりわけ森本直樹氏と、日本語の校正など編集の諸作業をやってくださった関正則氏に感謝を申し上げたい。

2016年1月
編・著者を代表して
李 旼珍

国家主義を超える日韓の共生と交流
日本で研究する韓国人研究者の視点

目　次

挨　拶　柳　赫秀 ·· 3
はしがき　李　旼珍 ·· 5

第Ⅰ部　日韓経済の構造変化と共存 ·············· 15

第1章　国交正常化以降における日韓経済財政政策の比較
·· 16
　　　　　　　　　　　　　　　　　鞠　重鎬

　　はじめに　16
　　1　実質GDP成長率の比較　18
　　2　いつ韓国の一人当たりのGDPが日本のそれを追い抜くか　21
　　3　国内総生産支出構成から見た日韓経済財政政策の比較　25
　　4　国家債務と財政政策の比較　33
　　おわりに——展望と課題　38

第2章　依存から競合、そして新たな共存へ向かいつつある日韓経済
·· 43
　　　　　　　　　　　　　　　　　權　五景

　　はじめに　43
　　1　韓国は技術を得て、日本は市場を得る　44
　　2　赤字ではあるが、損していない韓国の対日貿易　49
　　3　依存から競合へ　53
　　4　なぜ、激しく競合するようになったのか？　54
　　5　新たな共存へのヒントは日米経済の変貌にあり　58

第Ⅱ部　文化・メディアにおける相互表象からの脱却 ·········· 61

第3章　日本における韓国語教育と韓国における日本語教育 ······ 62
　　　　　　　　　　　　　　　　　金　敬鎬

　　はじめに　62
　　1　外国語としての日本語、韓国語の両国における教育と学習の歴史　63

2　近代における日本語と韓国語の教育の実態　69
3　解放後（1945年以降）における日韓両国の日本語と韓国語の教育　76
おわりに　80

第4章　ソフトパワーとしての韓流と嫌韓流論、そして韓流食客たち　……………………………………………………83
李　香鎮

はじめに――韓流を見る3つの理論フレーム　83
1　ソフトパワー論とドラマファンダム　87
2　嫌韓流論とK-POP、そしてニューメディア世代　92
3　韓流食客と社会的マイノリティーのための文化連帯、新しい韓流談論　97
おわりに　102

第5章　謝罪する日本（日本人）の表象……………………108
黄　盛彬

はじめに　108
1　1965年国交正常化と「謝罪する日本（人）」
　　――韓国・朝鮮日報と東亜日報　109
2　「謝罪する日本人」の登場――1980年代後半から1999年まで　115
3　急増する「謝罪する日本人」――2000年以降　121
おわりに――（日本では）不人気の「謝罪する政治家」　131

第Ⅲ部　市民社会の交流と国家主義の克服…………………135

第6章　日韓自治体交流の軌跡と展望――川崎市と富川市の教育・文化交流を中心に…………………………136
李　正連

はじめに　136
1　日韓自治体交流の歩みと現状　137
2　川崎市と富川市の教育・文化交流の経緯と特質　140
3　川崎・富川高校生フォーラム・ハナにみる日韓友好の新しい地平　145

おわりに——国家主義を超える市民交流に向けて　151

第7章　日韓市民団体・労働団体の交流とその成果 …………154
　　　　　　　　　　　　　　　　　　　　　李　旼珍

はじめに　154
1　研究方法及びインタビュー事例の概観　155
2　日韓市民団体・労働団体の交流の現在と交流の諸相　158
3　日韓市民団体・労働団体の交流の成果　174
おわりに——日韓の政治的葛藤を緩和する日韓市民社会の交流　176

第8章　在日韓国人の人権問題に関する考察…………………179
　　　　　　　　　　　　　　　　　　　　　申　惠丰

はじめに　179
1　戦後補償問題　182
2　国民年金法の国籍条項と経過措置——無年金の問題　184
3　生活保護法の「準用」をめぐる問題　186
4　入居差別などの問題——人種差別禁止法の必要性　188
5　ヘイト・スピーチの根絶に向けて
　　——法規制、そして歴史教育の必要性　191

韓国人研究者フォーラムについて　198
著者紹介　213

第Ⅰ部
日韓経済の構造変化と共存

第1章
国交正常化以降における
日韓経済財政政策の比較

鞠 重鎬
（クックジュンホ）

はじめに

　本章では、1965年の日韓国交正常化以降の50年（1965〜2014年）を対象に、両国の経済財政政策にどのような特徴があるかを論じる。議論の手法としては、対象期間の日韓経済財政データに基づいた分析を用いる。

　日本は1950年代と60年代を経て1973年の第1次オイル・ショック以前まで、高度経済成長を成し遂げた。韓国の経済成長路線は、日本より遅れることになったが、その背景には、1950年から53年までの朝鮮戦争によって国土は疲弊し、その後も北朝鮮との軍事的緊張関係が続いたという歴史がある。韓国は1962年からの経済開発計画に端を発し、著しい経済発展の道へと乗り出した。韓国の経済発展のための資金としては、1965年日韓国交正常化に伴った対日請求権資金も投じられた。

　経済成長の過程において韓国は、日本企業と激しい競争を繰り広げてきたが、相互間の補完関係も多かった。本書の第2章（權 五景）にも指摘があるように、韓国の対外輸出が増えると日本からの輸入も増える、という両国貿易の結びつきも強く現れた。最近は、中国・東南アジア諸国の台頭や韓国の世界市場との貿易拡大とともに、日本への貿易依存度は低下傾向にある。とはいえ、依然として両国の貿易関係は切っても切れない間柄である。2000年代に入ってからは、両国の産業構造やその政策路線の違いも散見される。例えば、1990年代まで一世を風靡した、

日本の電機や家電産業は、韓国や中国また台湾などにその競争力を譲り、競争の激しい情報通信技術（ICT）産業から撤退する日本企業も多くなった。その代わりに、「参入障壁の高いものづくり」へと回帰するような動きも見て取れる[*1]。

1993年ウルグアイ・ラウンドが妥結され、グローバル化の波が押し寄せるや、韓国は対外指向を強めてきた。1996年経済協力開発機構（OECD）への加入を機に、先進国入りしたと思いきや、皮肉なことに、1997年経済（金融）危機が訪れた。同年11月襲った経済危機を乗り越えるため、韓国は産業構造転換に拍車をかけ、貿易拡大の道へと推し進めた。その結果、2010年代に入ってから、韓国の貿易（輸出＋輸入）規模は、国内総生産（GDP）に匹敵するまでに膨張した。日本のGDPに占める貿易規模の割合が、4割に満たないことに比べると（例えば、2014年38.5％）、韓国経済の対外依存の度合いが、日本とは違うことが判然とする。

対外指向を強めてきた韓国と、高い技術を国内に蓄積してきた日本との経済関係が、歴史・政治的要因も加わり、本来可能な相乗効果が阻害されている感を拭えない今日である。韓国はダイナミックであるが不安定であり、日本は安定感はあるが閉塞感が漂う。そんな中、両国の相乗効果を高めるためには「戦略的協調関係」が求められる。日韓国交正常化以降50年間にわたる経済財政政策の比較を行うことによって、戦略的協調関係の必要性を提起することも本章のねらいである。

以下では、まず第1節で日韓の実質GDP成長率の差を考察し、両国の経済パフォーマンスを比較する。第2節では、日韓の所得水準の倍率の縮小傾向を示した後、いつ韓国の一人当たりGDPが日本のそれを追い抜くかを試算してみる。第3節では、国内総生産の支出構成から見た

[*1] 例えば、金（2015）では、日立製作所、富士フィルム、村田製作所などの日本企業が、参入障壁の高い技術水準を確保し、逆境から復活を成し遂げたことについて紹介している。

日韓経済財政政策を取り上げる。第4節では、国家債務と財政政策の特徴を比較する。最後に、今後の展望と課題について触れる。

1 実質GDP成長率の比較

(1) 日韓の経済成長率の図示と経済パフォーマンス

まず、日韓国交正常化以降を対象に、両国の経済成長の歩みとそのパフォーマンスについて見てみよう。図1は1965年国交正常化以後50年間の日韓の実質経済（GDP）成長率を対比したものである。また、表1では、5年刻みとした当該期間の平均実質経済成長率を示している。

図1に見るように、韓国の方が日本よりも概ね経済成長率が高いが、1960年代後半は日韓の成長率が、ともに高い期間である。つまり、国交正常化当時は、両国とも高い成長率を誇った時期と言える。図1には示していないが、1960年代前半は、韓国が経済成長路線に乗り出したばかりであり、1960年代後半よりも成長率が低い。それをより具体的に示すため、表1には、1960年から5年刻みに、両国の平均実質成長率を算出したものが提示してある（各5年間の単純平均）。その表1を見ると、1960年代前半（1960～64年）の日本の平均実質経済成長率は10.2％であり、韓国の6.3％に比べはるかに高いことが見て取れる。

日本は、1973年オイル・ショックが終わった後、高度経済成長が一段落し、安定成長期に入ることになる。表1を見ると、バブル経済期と重なる1980年代後半（1985～89年）5.1％の経済（実質GDP）成長率を記録するが、1990年代初頭にバブル経済が崩壊すると、一気に経済成長は低迷する。一方、韓国は1997年の経済危機以降、安定成長期に入ったといえよう。図1や表1を見ると、安定成長期となった日本の1970～80年代の経済成長率は、韓国の1990年代後半以降の経済成長率とだいたい同水準であることがわかる。

日本は1990年代前半（1990～94年）、実質GDP成長率が2.0％に下がった後2010年代前半まで、0～1％台の成長率を記録する。表1の値

図1 日韓の実質経済（GDP）成長率（%）

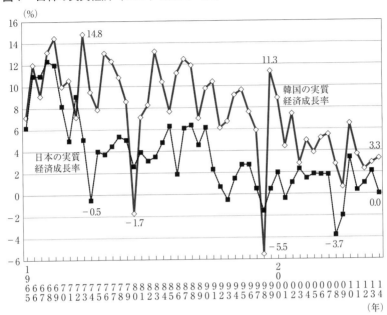

出所：内閣府経済統計データ、各年、『国民経済計算』。
　　　韓国銀行経済統計システム（ECOS: Economic Statistics System）。

表1　5年刻みの日韓の平均実質経済（GDP）成長率（%）

	1960〜64	65〜69	70〜74	75〜79	80〜84	85〜89	90〜94	95〜99	2000〜04	05〜09	10〜14
日本	10.2	10.5	5.4	4.6	3.6	5.1	2.0	1.0	1.3	0.0	1.4
韓国	6.3	11.2	10.4	10.5	7.5	10.1	8.5	5.8	5.7	3.6	3.7

出所：図1と同じ。

を見ると、1990年代後半（1995〜99年）は1.0％、2000年代前半（2000〜04年）は1.3％、2000年代後半（2005〜09年）は0.0％、2010年代前半（2010〜14年）は1.4％の成長に過ぎない。このように、バブル崩壊後日本経済の低迷が如実に現れている。バブル崩壊後の日本経済を、いわゆる「失われた20年」というが、今後「失われた何十年」にまで延びるか不透明な状況下にある。

第Ⅰ部　日韓経済の構造変化と共存

（2）韓国の歴代政権別の経済政策

　高度経済成長を達成した朴正煕(パクチョンヒ)政権は、1961年から1979年までの長期にわたる[*2]。1960〜70年代の経済財政運用の基調も、成長を支える基幹産業の育成と輸出主導型の工業化のための財源調達だった。表1に見るように、1960年代後半以降70年代末まで、韓国の実質経済成長率は、10％を上回る高い成長率を達成している[*3]。1960年代後半以降の経済成長率を見ると、1980年（−1.7％）と1998年（−5.5％）を除き、一貫して韓国が日本よりも高い。1980年にマイナスの成長率を見せるのは、1979年10月26日、朴正煕大統領が自分の部下によって殺害されるという政治的な要因よる混乱期だったからである。

　「10・26事件」の後の全斗煥(チョンドゥファン)軍事政権期（1980〜87年）は、民主化運動が激しかった時期ではあったが、威圧的な政権運営の下、物価安定と高い経済成長を成し遂げた。表1を見ると、1980年代後半（1985〜89年）には、10.1％という高い実質経済成長率を達成していることがわかる。1987年6月国民の直接選挙による大統領選出という民主化が実現した。民主化後の盧泰愚(ノテウ)政権期（1988〜92年）は、「分配と福祉」の政策基調が強調された時期でもあり、前の全斗煥政権期の経済成長率を下回った。

　1990年代初頭になると、地方自治の実施要求も強く、1991年には住民投票による地方議会の議員選挙が始まった。金泳三(キムヨンサム)政権期（1993〜97年）である1995年、住民投票による地方自治団体の首長選挙が実施された。このように、金泳三政権では政治面の進展はあったが、政権が終わる直前の1997年11月には、経済（通貨）危機に陥ってしまった。1998年がマイナス成長となるのは、この経済危機の影響による。

　韓国が経済危機に陥ったのは、グローバル化の波にうまく対応できなかった要因が大きい。1993年ウルグアイ・ラウンドが妥結され、世界経済が自由化の波にさらされるや、一般企業や金融部門は、規模拡大のため借入を増やした。その副作用もあり、業績不振に見舞われた。とくに、金融市場開放の過程に短期債務が急増し、その返済のめどが立たなくなり、終(つい)には経済危機に陥る嵌(は)めとなった。経済危機が起きた直後に

誕生した金大中(キムデジュン)政権(1998〜2002年)では、危機克服のため厳しい構造改革が強いられた。その成果もあり、危機発生後2〜3年後には経済危機を克服する底力を見せた。

金大中政権の後に登場した盧武鉉(ノムヒョン)政権(2003〜07年)の政策基調は、金大中政権と概ね変わらなかったが、経済の落ち込みもあり、政権末期には国民の支持を失うことになった。その後、「経済」大統領を標榜した李明博(イミョンバク)政権(2008〜12年)が登場したが、経済運用の結果は芳しくなかった[*4]。2008年に起きたリーマン・ショックの影響があったとはいえ、表1に見るように、2000年代後半(2005〜09年)の経済成長率は3.6%であり、2000年代前半の成長率(5.7%)を下回る。2010年代前半(2010〜14年)は、李政権と朴槿恵(パクネ)政権期(2013〜17年)と重なるが、経済成長率は2000年代後半とほぼ同じ水準の3.7%を記録する。

2　いつ韓国の一人当たりのGDPが日本のそれを追い抜くか

(1) 日韓の所得水準の倍率の縮小

個別の家計所得がミクロ所得であるのに対し、マクロ所得変数としてよく用いられるのが一人当たり国内総生産(GDP)である。以下では、国交正常化以降の日韓のマクロ所得についての比較を行う。図2は、

[*2]　歴代政権の政権期間は、実質的な政権期間を基準に表示した。朴正煕氏の大統領在任期間は、1963年12月〜1979年10月であるが、実質的には1961年5月16日に軍事政変によって政権を握ったと言えるので、1961年をスタート年にした。また、韓国の大統領選挙は毎回12月にあり、翌年2月に政権交代になるが、その2ヵ月の期間は、前任者の政権期間には入れていない。例えば、李明博政権は、2008年2月〜2013年2月であるが、その政権期間を「2008〜12年」としている。

[*3]　歴代政権別説明や第3・4節の説明の一部は、鞠(2014と2015)を多く参照している。

[*4]　李政権は7%の経済成長率の達成を目標としたが、同政権期間中の平均成長率は2.9%に過ぎなかった。

図2　国交正常化以降の一人当たりGDPの日韓倍率の推移

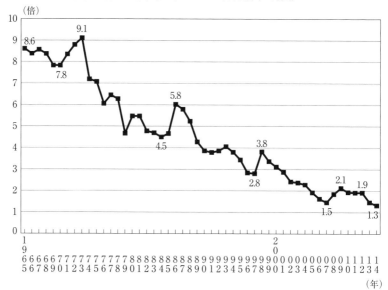

注：日本の2014年の値は下記のIMF推計による。
出所：International Monetary Fund, 2014、*World Economic Outlook Database*, October.
　　　内閣府経済統計データ、『国民経済計算』（長期経済統計）。2015年3月29日アクセス。
　　　(http://www5.cao.go.jp/)。
　　　韓国銀行、各年度、『国民勘定』。2015年3月29日アクセス。(http://kosis.kr/)

1965年国交正常化以降一人当たりGDPの日韓倍率を図示したものである。

　日韓のマクロ経済資料（図2の「出所」。以下同じ）に基づくと、1965年日本の一人当たりGDPは933ドル、韓国のそれは108ドルであり、日本が韓国に比べ9倍近い（8.6倍）高い水準である（図2参照）。それが、2014年には、日本が3万7540ドル、韓国が2万7964ドルになり、日韓の一人当たりGDPの倍率は1.3倍にまで縮まった。図2に見るように、1970年代前半の固定相場制から変動相場制への移行期（1970年7.8倍→1973年9.1倍）、1980年代後半のバブル経済期（1984年4.5倍→1986年5.8倍）、1997年韓国の経済危機期（1997年2.8倍→1998年3.8倍）や2008年のリーマン・ショック期（2007年1.5倍→2009年2.1倍）を除き、一人当た

りGDPの日韓倍率は低下してきたことがわかる。日韓の所得水準の倍率減少は、前節で述べた韓国の経済成長率が日本のそれを上回ったことを反映している。

　2013年以降は、アベノミクスによる円安政策が、ドル表示の一人当たりGDP水準を押し下げた効果が大きい。例えば、アベノミクスの金融緩和政策の円安効果が現れる直前の2012年、日本の一人当たりのGDPは4万6531ドルだった。それが円安の影響によって、2014年には、3万7540ドルに下がることになった。実にこの2年間、日本の一人当たりのGDPは、9000ドル近く（8,991ドル）も下がったことがわかる。一方、韓国の一人当たりGDPは、2012年2万4445ドルだったが、それが2年後には3,519ドル増加し、2014年度には2万7964ドルになった。つまり、驚くことに、この2年間（2012→14年）で日韓のドル表示所得は、1万2510ドル（＝3,519ドル＋8,991ドル）も縮まったことになる。

　上記では、日韓間の一人当たりGDP（マクロ所得）の縮小ぶりについて述べたが、バブル経済崩壊後は、ミクロレベルの家計所得の縮小も目立つ[*5]。例えば、祝迫・岡田（2009）では、1990年代末以降、企業の本格的なリストラの進行により急激に家計の収入が減少したことを指摘する。また、鞠（2013）は、消費者物価指数（CPI：2010年＝100）を用い換算した、日韓の実質所得の計算結果を提示している。その結果によると、日本の一世帯当たり一ヵ月間の実質家計所得は、2000年61万5060円から2011年51万669円に、2000年代に10万4391円も減少している[*6]。すなわち、2011年の家計実質所得は2000年に比べ17.0％も減少したことになる。

[*5] 岩本他（1995と1996）や宇南山（2009）では、日本の貯蓄率について議論しながら、「国民経済計算」のマクロデータと「家計調査」のミクロデータとの間に集計方法や調査方法の差が大きいこと、そのため国民経済計算の貯蓄率と家計調査資料の貯蓄率の差が大きいことを指摘する。

[*6] 総務省統計局（http://www.stat.go.jp/data/cpi/）からの消費者物価指数を用いて計算した結果である。

日本とは逆に、韓国の一世帯当たり一ヵ月間の実質家計所得は、2000年326万6984ウォンから2011年408万5211ウォンに増加する*7。つまり、2011年は2000年よりも実質家計所得が186万ウォンも増加し、割合ではおよそ25％の所得増加となる。2000年から2011年の間、一世帯当たり一ヵ月間の実質家計所得において、日本は17％減少し、韓国は25％増加したということは、韓国が日本に比べ42％ポイントの差をもって家計所得増加があったことを意味する。その結果、日韓の家計所得の倍率は、2000年には日本が韓国に比べ2.78倍高い水準であったが、2011年には、1.67倍の水準にまで縮小した。

（2）いつ追い抜くか

上述したように、日本は1990年代初め頃のバブル崩壊後、景気低迷が続いており、2013年からはアベノミクスの金融緩和政策による円安が進み、ドル換算の一人当たりGDPが目減りした。バブル崩壊以降のような状況が続くとするならば、今後も日韓のドル換算の所得水準は、速いスピードで縮小することが予想される。

ここで、仮にもしこの傾向が今後も続くとすると、何年後に、韓国の所得水準（一人当たりGDP）が、日本のそれに追いつくかについて試算してみよう。そのためには、図2の一人当たりGDPの日韓倍率のうち、バブル崩壊以降の時期を対象に、近似曲線（回帰曲線）の式を求め、y軸の値（すなわち、一人当たりGDPの日韓倍率）が1になるx軸（つまり、時間軸の年）の値を求めればよい。実際に、バブル経済が崩壊した後の1992年から2014年を対象に、近似曲線（回帰曲線）を求めた結果は以下の通りである。

$$y = -0.1155x + 233.92 \qquad R^2 = 0.8368 \qquad (1)$$

上記の近似曲線（1）式に、y＝1を代入し、xの値（年）を求めると、2016.6の値が求められる。この結果は、すなわち、バブル崩壊後の経済状況やアベノミクスのような円安傾向が続くとするならば、2017

年には、韓国の一人当たりGDPが日本に追いつき追い抜くことを意味する。本章執筆の時点が2015年であることからすると、あと2年後の出来事になる。日韓国交正常化以来、半世紀を迎えた今、韓国が2年後に、一人当たりGDP水準で日本を追いつき追い抜くことは、大きな出来事かも知れない。むろん、一人当たりGDP水準が高くなるからと言って、韓国が日本に比べただちに社会的厚生が高くなる、ということを意味するわけではない。社会的厚生を測るには、能率の良さ（つまり効率性）に深くかかわる所得水準だけでなく、所得格差がどうなっているか（つまり公平性）も、考慮に入れなければならないからである。

バブル経済の崩壊後、非正規社員の増加とともに、日本においても格差社会の問題が浮上しているが、韓国の方が日本よりも所得の不平等度は高い。鞠（2013）の計算結果によると、日本の家計所得分布の不平等度を表す変動係数（標準偏差を平均所得で割ったもので、その値が大きいほど不平等度が高い）は、2000年0.468、2011年0.535、韓国のそれは2000年0.555、2011年0.542である。日本は韓国よりも家計所得の不平等度が低い水準であることがわかる。これらの結果は、韓国社会において、格差社会への対処が政策課題の一つであることを示唆する。

韓国だけでなく、日本の経済政策における課題も大きい。鞠（2013）に示されているように、バブル崩壊後の日本が抱えている重要な出来事は、「所得減少の中、所得分布の不平等化が進行したこと」と言えよう。

3 国内総生産支出構成から見た日韓経済財政政策の比較

（1）GDP支出構成の図示

国内総生産（GDP）の支出は、民間消費（民間最終消費支出）、投資支出（総資本形成）、政府支出（政府最終消費支出）、純輸出（＝輸出－輸入）

---

*7 韓国統計庁国家統計ポータル（KOSIS）（http://kosis.kr/statisticsList/）からの消費者物価指数を適用し計算した結果である。

図3　国内総生産に対する支出構成の推移：日本

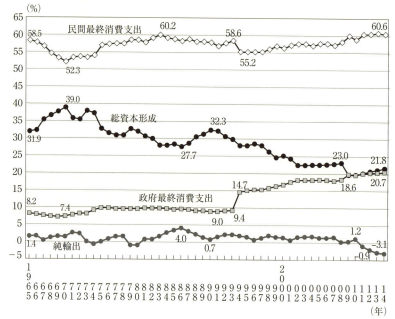

出所：内閣府『国民経済計算』2015年3月29日アクセス。
　　　(http://www.esri.cao.go.jp/jp/sna/)

に構成される。以下ではこれらの支出項目の変化に注目し、国交正常化以降、日韓両国の経済財政政策への評価を試みる。図3と図4は、日韓の国民経済計算勘定（SNA）を用いて、1965年以降50年間を対象に、国内総生産に対する支出構成の計算結果を図示したものである。

マクロ経済学における国内総生産（Y）に対する支出の基本式は以下の通りである。

$$Y = C + I + G + X - M \qquad (2)$$

上記の（2）式の右辺は、それぞれ、民間最終消費支出（C）、投資支出（I：総資本形成）、政府最終消費支出（G）、輸出（X）、輸入（M）である。図3と図4では、C、I、G、及び [X - M]（純輸出＝輸出－輸入）

図4 国内総生産に対する支出構成の推移：韓国

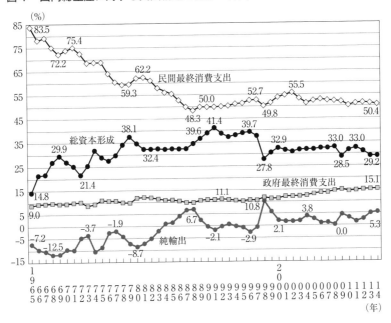

出所：韓国銀行経済統計システム（ECOS: Economic Statistics System）2015年3月29日アクセス（https://ecos.bok.or.kr/）

の構成割合（対GDP比）を描いている。

（2）日本のGDP支出構成の変化

　図3よりわかるように、日本の国内総支出の構成のうち、民間最終消費支出は、およそ50〜60％の間に安定している。第1節で日本は1973年オイル・ショックが起きる以前が、高度経済成長期と指摘した。そのような経済局面の一端が、図3からも見えてくる。すなわち、1960年代後半の国内総生産に対する支出パターンを見ると、民間最終消費支出は1965年58.5％から1970年52.3％に下落する反面、投資支出である総資本形成は、同時期31.9％から39.0％へと大幅に上昇する。それだけ、1960年代後半の日本は、投資支出増大による経済成長の真っ只中にあ

ったと言える。一方、この時期の政府最終消費支出はGDPの10％未満で安定しており、純輸出は1〜2％の黒字を実現していた。

　オイル・ショック以降からバブル経済崩壊以前までの安定成長期においては、相対的に投資支出（総資本形成）の割合が下落し、民間最終消費支出の割合が上昇する、という成熟経済の道をたどってきた。対GDP比総資本形成は1970年39.0％をピークに下落し始め、バブル経済が始まる1986年27.7％まで下落する。

　一方、民間最終消費支出の対GDP比は1983年60.2％を占めることになる。その反面、政府最終消費支出の対GDP比は、バブル経済が崩壊するまで9％台水準で安定していた。バブル経済期には、総資本形成の対GDP比が32.3％（1990年）にまで上昇するが、その後は下落に転じている。他方、純輸出の対GDP比は、第一次（1973年）と第二次（1978年）オイル・ショックの影響によって下落したりはしたが、トレンド的に上昇し、1986年4.0％の黒字を見せる。

　1990年以降、総資本形成（投資支出）と政府最終消費支出の二つの支出項目は、互いに逆の動きが顕著となる。すなわち、政府最終消費支出の割合は大幅に上昇した反面、総資本形成の割合は大きく低下する傾向を見せる[*8]。図3に見るように、日本の政府最終消費支出は、1990年9.0％から2014年20.7％に、11.7％ポイントも上昇している。それに対し、国内総資本形成（投資支出）は、同期間中32.3％から21.8％に、その割合は10.5％ポイントも下落する。総資本形成が低下することは、それだけ生産能力が減ることを意味する。このような投資支出の減少からも、いわゆる「失われた20年」の様子が歴然と現れる。

　要するに、1990年代バブル経済崩壊以降の日本の経済財政政策は、「投資支出の減少を政府支出増大が支えてきた歴史」であると評価できよう。このようにバブル崩壊後、投資支出減少と政府支出増大との間に、その対照的な動きが目立つようになった。

　1990年代以降の政府消費支出増大が、経済成長をもたらさなかった点も看過できない。1990年代と2000年の政府最終消費支出を可能にし

たのは、国債発行の増加と直接に関係している。日本の政府支出の増大の場合、投資支出に加え、消費支出の増大が目立っているが、その財源調達は国債発行に依存する方法だった。国債発行の目的は、景気刺激のための公共投資支出とともに、少子高齢化に伴う社会保障支出の財源を賄うことが主だった。

　総資本形成（投資支出）の減少のうち、民間投資の減少が大きい。1990年代前半、バブル経済崩壊後の景気低迷に対処するため、公的資本形成（公共投資）を大幅に拡大した。GDPに占める公的総資本形成の割合は、1990年6.6％から2013年4.8％に、1.8％ポイント下落したが（図3には載っていない）、1996年8.7％にまで上昇している。それなのに総資本形成の割合は、むしろ下落している。裏を返すと、この結果は、民間投資が大幅に減少したことを意味する。総資本形成は、民間部門と政府部門によって形成されるからである。

　2013年以降はアベノミクスが実施された時期であるが、民間投資が大きく増えているとは言いがたい。図3に見るように、最近になって総資本形成の対GDP比が若干上昇しているが、2014年の水準（21.8％）は、リーマン・ショックの直前である2007年の水準（23.0％）までには回復していないのが現状である。安倍政権にとって民間投資拡大のための今後の政策が、依然として問われていると言えよう。

　一方、日本の純輸出が国内総生産に占める割合は、1986年4.0％から2010年1.2％に下落した。その後、日本は2011年より、貿易黒字国から赤字国に転落する。図3には載っていないが、2011年日本の国内総生産（GDP）に占める輸出額と輸入額の割合は、それぞれ15.1％と16.0％となり、GDPに占める純輸出（貿易赤字）は－0.9％を記録する。2013

＊8　総資本形成は、「総固定資本形成＋在庫品増加」からなる。そのうち、総固定資本形成は、民間総固定資本形成と公的総固定資本形成に分けられる。ここで、民間総固定資本形成は、住宅投資や企業の設備投資で構成される。公的総固定資本形成には、住宅投資や企業の設備投資と一般政府の固定資本形成が含まれる。

年から本格化したアベノミックスの円安誘導政策も、純輸出をプラスにさせる効果をもたらしていない。図3に見るように、貿易赤字の対GDP比は大幅に拡大し、2014年には純輸出の割合は、－3.1％にまで下落する。アベノミクスの円安効果が、輸入材価格の上昇による輸入額の増加につながったからだ。日本の純輸出が経済状況に及ぼす影響は、以下に述べる韓国とは大きく異なる。

（3）韓国の経済財政政策

　韓国のGDPに占める民間最終消費支出の動きは、1980年代末の時期を境に大きく異なる。1980年代末は韓国の民主化要求が一段落する時期と重なる。民主化以前の韓国は、資本蓄積（総資本形成）に経済政策の力点が置かれたと言える。図4を見ると、1965年日韓国交正常化当時、韓国の民間最終消費支出の対GDP比は83.5％であり、投資支出の対GDP比14.8％よりも格段に高い。日韓国交正常化当時の韓国の総固定資本形成が脆弱だったことを物語る。

　一方、政府最終消費支出の対GDP比は、1997年の経済危機の時期まで10％前後で安定していた。ところが、純輸出の動きは、時期によってその振れが大きい。1960年代末の純輸出は、輸入が輸出を大きく上回り、大幅な貿易赤字を記録していた。例えば、図4に示してあるように、1968年純輸出の対GDP比は、－12.5％という貿易赤字となっている。

　韓国の経済成長と関連し、1960年代後半以降、総資本形成（投資支出）の対GDP比の上昇振りは、目を見張る程である。1965年14.8％だった総資本形成（投資支出）の対GDP比は、1991年になると41.4％にまで上昇する。それとは逆に、民間最終消費支出の対GDP比は、1965年83.5％から、1988年48.3％にまで大きく下落する。これより、1988年韓国の民主化以前、総資本形成の増加に基づいた成長振りが、歴然と現れていることがわかる。

　民主化以前の時期の純輸出の対GDP比は、徐々に黒字に向かって動き出していた。第1次オイル・ショック（1973年）と第2次オイル・シ

ョック（1978年）の影響によって、純輸出の対GDP比が下落する時期はあったが、トレンド的にプラスに向かっていた。1980年代後半には、円高などの対外状況の好条件と重なり、韓国の純輸出の対GDP比は、1988年6.7％という黒字を実現する。

民主化以降の1990年代からは、その以前の動きと大きく異なる。韓国の場合、1990年以降、総資本形成の対GDP比は低下傾向にある。総資本形成の対GDP比の低下傾向は、日本と同様と言えるが、政府最終消費支出や純輸出の動きは、日本とは大きく異なる。図4に見るように、国内総生産に占める総資本形成（投資支出）の割合は、1991年41.4％から2014年29.2％に12.2％ポイントという大幅な下落となる。このように、韓国も最近になって総資本形成の対GDP比は下落しているが、日本のそれ（2014年、21.8％）よりは相当高い水準にある。

韓国の「政府（公的）」固定資本形成（投資）の対GDP比は、日本とは違って、同期間に乱高下を見せることもない。図4には載っていないが、公的資本形成の対GDP比は、1990年5.3％から2013年4.7％に、わずか0.6％ポイントの下落に止まる。公的投資の割合がほとんど変わっていないのに、総資本形成の割合が同期間中、大幅に下落していることは、韓国においても日本と同様に、民間資本形成（民間投資）が大きく下落したことを意味する。

韓国の国民経済計算には、総資本形成を「建設投資＋設備投資＋知的財産生産物投資」の合計として表している。それぞれを対象に、「1990年の構成比→2013年の構成比」の変化を見ると（図4には載っていない）、建設投資が20.9％→15.1％、設備投資が14.5％→8.6％、知的財産生産物投資が2.3％→5.9％の変化を見せる。この結果より、1990年以降、知的財産生産物投資の割合は上昇したが、民間建設投資と設備投資の比重が、相対的に大幅に下落したことが読み取れる。

政府最終消費支出の対GDP比は、1991年11.1％から2014年15.1％へと、4.0％ポイント上昇し、日本のそれの上昇振りに比べるとはるかに低い。図3と図4を比較すると、1991年には日本の政府最終消費支出

の割合（9.0％）が、韓国のそれ（11.1％）よりも低かったが、2014年には、むしろ日本の政府最終消費支出の割合（20.7％）が、韓国のそれ（同年15.1％）を大きく上回ることになった。

　日本と比較したとき大差を見せるのは、韓国の純輸出である。国内総生産に占める純輸出の割合（対GDP比）は、1991年−2.1％から2014年5.3％（＝輸出50.6％ポイント−輸入45.3％ポイント）へと、7.4％ポイントも上昇する（輸出と輸入の対GDP比は図4には載っていない。以下同じ）。その背景には、韓国が1997年経済危機以降、輸出強化へと政策路線を転換したことが挙げられる。1997年の経済危機を乗り越えるために、韓国は業界再編を余儀なくされた。危機以降韓国は、外貨不足の問題を痛感し、輸出強化政策へと転換したため、輸出と輸入の合計（つまり貿易額）の対GDP比は大きく上昇した。1996年国内総生産に占める貿易額の割合は、53.5％（輸出25.3％、輸入28.2％）であったが、2014年のそれは95.9％（輸出50.6％、輸入45.3％）へとGDPに匹敵するにまで上昇している。

　図4より、1997年を前後し純輸出の割合が、大幅に上昇することが確認できる。純輸出の対GDP比は、危機直前の1996年−2.9％という輸入超過だったが、危機直後の1998年には10.8％へと輸出超過になり、わずか2年間に13.7％ポイントも上昇する。それとは逆に、国内総資本形成（投資支出）の割合は、1996年39.7％から1998年27.8％へと、2年間に11.9％ポイントも下落する。つまり、経済危機当時の韓国は、国内の投資減少を、純輸出増加をもって補ったことを意味する。純輸出の増加は、相対的に民間最終消費支出を減少させる要因にも働き、同支出の割合は1997年52.7％から1998年49.8％へ下落している。

　純輸出の割合は、経済危機を乗り越えた後しばらくは下落したが（例えば、2000年国内総生産に占める純輸出〔貿易黒字〕は2.1％）、経済危機以前の貿易赤字体質から抜け出す転機となった。経済危機を乗り越えた2000年以降、韓国は貿易黒字を実現し続けた。2008年のリーマン・ショックが襲った後は、純輸出（貿易黒字）の割合はさらに上昇し、2014

年度の純輸出の対GDP比は5.3％に上っている。2014年韓国の輸出と輸入を合わせた貿易規模の対GDP比（95.9％）は、同年日本のそれ（GDPの38.5％＝輸出17.7％＋輸入20.8％）に比べはるかに高く、日韓経済の貿易依存への差が歴然と現れる。

以上のように、日韓間の国内総生産の支出構成から見たとき、政府最終消費支出、総資本形成、純輸出の大差など、両国経済財政運用の特徴が見えてくる。

4　国家債務と財政政策の比較

（1）国家債務の図示と日本の長期債務残高

国家債務は、中長期の財政健全性を示す指標として重要な役割を果たす。韓国で用いられる国家債務の概念は、「政府が直接に返済義務を負わなければならない確定債務」という国際通貨基金（IMF）の基準に沿ったものである[*9]。韓国で用いられる国家債務の指標とは異なり、日本の国家債務のデータとしては、財務省が発表する国債発行残高や長期債務残高、OECDの経済展望（Economic Outlook）がまとめる国家債務の国際比較データがある。以下では1965年以降一貫した長期時系列データとして、財務省が提供する国と地方を合わせた長期債務残高の対GDP比を用いている。

ここで、日本の長期債務残高は、国家債務残高よりも小さいことに注意を要する。国家債務には、長期債務だけでなく、短期債務なども含まれるからである。例えば、図5の2014年長期債務残高の対GDP比は205.4％であるが、OECD（2013）の経済展望によると、2014年日本の国

[*9]　IMFは、実際の負債のみを政府の財政状況に表示し、政府保証債務、明示的偶発債務（explicit contingency）、国民年金に当てる負債など、国家負債への直接的な合算が難しい財政上の危険要因になりうるものについては、備忘事項（memorandum）に表記することを勧告している。韓国の国家債務や財政赤字の概念についてのより詳しい説明については、鞠（2015）を参照されたい。

図5 日韓の国家債務（長期債務残高）の対GDP比

注：1）日本は2013年12月現在の値。2014年は当初予算額。数値は一般政府ベース。
　　2）韓国の2014年は、下記の企画財政部（2014）の予想値。
出所：OECD（2013）*Economic Outlook 94*、November．
　　　財務省（2015）「1970年度以降の長期債務残高の推移」。（1965～69は財務省協力資料）。
　　　企画財政部『e-国の指標』（e-나라지표：http://www.index.go.kr/）。2015年3月29日アクセス。
　　　企画財政部（2014）『2014～2018年国家債務管理計画』。

家債務の対GDP比は231.9％である。これらの国家債務に関する違いを踏まえた上で、日韓の国家債務変化について時系列的に概観しよう。図5は韓国の国家債務と日本の長期債務残高の対GDP比を図示したものである。

図5に見るように、1965年日本の国と地方を含む長期債務残高の対GDP比は7.1％の水準であり、同年韓国のそれ（18.3％）に比べてもはるかに低い水準であった。なお、1970年日本の長期債務残高の対GDP比は9.6％であり、同年韓国（18.3％）よりも半分程度に止まっていた[*10]。日

本の国家債務が大きく増え始めるのは、1973年のオイル・ショック以降である。図5を見ると、長期債務残高の対GDP比は、1974年14.8％から1986年には65.7％まで上昇する。その後、1980年代後半のバブル経済期には、同GDP比が下落し、1991年には58.7％にまで下落する。

　日本の国家債務が急激に増えるのは、1990年代初頭、バブル経済が崩壊してからである。図5より、2014年対GDP比長期債務残高は205.4％に達するほど、その急激な上昇振りに驚かされる。2000年代前半の小泉政権（2001～06年）において、長期債務残高の対GDP比の伸び率が鈍化する時期（例えば、2002年140.2％→2003年137.8％）があったが、その時期を除くと、1990年代以降は一貫して急激に上昇し続けている。

（2）韓国の歴代政権別の国家債務

　図5に見るように、韓国の国家債務の対GDP比は、1965年、1970年ともに18.3％の水準だった。それが、韓国政治情勢の不安や第1次オイル・ショックの影響によって、国家債務の対GDP比は、1975年26.2％にまで上昇する。その後は収束し、同GDP比は1979年には21.1％の水準に下落した。

　1979年朴正熙大統領が射殺される「10・26事件」が起き、国内情勢の不安が増幅したことで、国家債務の対GDP比も上昇し、1982年には29.5％までに跳ね上がった。1980年代は全斗煥政権が安定し、歳入以下の歳出という健全財政が確保でき、国家債務は収束に向かった。健全財政へと舵を切った成果もあり、全斗煥政権が終わる1988年には、国家債務のGDP比は18.4％まで下落した。

　以降1988年からの盧泰愚政権や、1997年経済危機前の金泳三政権期を経ていくうちに、国家債務の対GDP比は次第に下落し、経済危機直前の1996年には、9.9％にまで下がった。ところが、1997年の経済（金

＊10　ちなみに、財務省（2006）の資料によると、1965年と1970年の国債残高の対GDP比は、それぞれ0.6％、3.7％のレベルに過ぎない。

融）危機が起こるや、韓国の国家財政には陰りが見え始めた。図5に見るように、経済危機直後の1998年には、一時的に対GDP比国家債務が29.6％までに上昇する異常事態となった。経済危機の収まりとともに、1999年には同GDP比が18.0％に下がったが、それ以降は下がることなく上昇の道をたどっている。

国家債務の対GDP比の上昇に拍車をかけるのは、2003年から始まる盧武鉉政権のときからである。盧政権は政策基調として、「成長と福祉の同時達成の追求」を掲げたが、成長率が低迷しただけでなく、社会福祉支出は大幅に増え、財政赤字も急増した。図5に見るように、盧政権が始まる2003年に国家債務の対GDP比は21.6％だったが、政権が終わる2007年には30.7％にまで9.1％ポイントも上昇した。

李明博政権においても、国家債務を減らすことはできなかった。国家債務の対GDP比は、李政権が終わる2012年には34.8％となり、同政権直前である2007年の30.7％に比べ4.1％ポイント上昇した。李氏は「経済」大統領を標榜し政権を取ったが、皮肉にも経済は低迷し、国家債務を上昇させる軌道に乗せてしまう格好となった。

韓国では、租税負担率や国民負担率の上昇を抑え、国家債務も極力増やさない、という保守的な財政政策が重視されてきた。1995年地方自治の実施と、2000年代に入った後少子高齢化の急速な進展は、韓国の国家債務を押し上げる要因として働いた。韓国の国家債務において懸念されるのは、2003年盧武鉉政権以降のトレンドである。それ以前までは、内外のショックがあったとしても、その後は財政赤字が収束に向かったが、2003年以降は増加の一途をたどっている。

以上のように、経済危機以前、保守的に運用されてきた韓国の財政政策が、盧武鉉政権の福祉支出拡充や李明博政権の公共支出増大という政策基調と相まって、国家債務の対GDP比が上昇してきた。郭（2002）は、韓国の国家債務の問題を取り上げ、その債務規模の増加率が上がっていくことに警告を発する。また黄（2006）は、1997年経済危機前後に、財政政策基調がどのように変化したかを比較分析し、経済危機以降財政赤

字要因が増えたことを指摘する。今後、その上昇トレンドを収束に向かわせることができるかが韓国財政政策の鍵となろう。

　企画財政部の『2013～2017年国家財政運用計画』によると、2013～17年の年平均経済成長率は3.5％、国家債務の対GDP比も、2016年36.3％、2017年35.6％に安定化させる計画となっている。そのような計画（予想）とは裏腹に、国家債務を減らすことは至難のわざとなろう。その理由は、経済成長の維持に必要な財源確保が求められることに加え、世界に類を見ない少子高齢化の進展による社会保障費や福祉支出の増加が見込まれるからである。

　朴槿惠政権期（2013～17年）である2014年の国家債務の対GDP比は35.1％を記録する。しかし、2014年10月末行われた朴槿惠大統領の「2015年度予算大統領施政演説」を見ると、景気回復を図るという名目の下、2015年の予算において、支出増大という積極財政へと転じている。その演説では、「景気低迷を下支えするため、積極財政（膨張予算）を組んだ」と明かしている。現政権の財政拡大路線に対し、日本の財政政策の二の舞を踏むことになるのではないかという懸念の声も上がっている。

　韓国の場合、北朝鮮との軍事的対立という、いつ厖大（ぼうだい）な財政出動があってもおかしくない特殊な状況下にある。戦争のような非常事態における財政需要の発生可能性に備え、国の財政を保守的に運用していきたい韓国だが、健全財政の達成は厳しい道のりになるだろう。

（3）国家債務の総括

　韓国の国家債務が上昇したとはいえ、国家債務の対GDP比を国際比較してみると、他の先進国に比べるとはるかに低い[*11]。主要先進国の国家債務の対GDP比は（2014年）、アメリカが106.3％、フランスが115.8％、英国が110.0％、ドイツが83.4％であるが、日本はこれらの2

　[*11]　以下の数値は、OECD（2013）の経済展望（*Economic Outlook* No.94, November）による。

倍を超える231.9％を記録する。図5にあるように、韓国の2014年対GDP比国家債務が35.1％であることからすると、日本の国家債務が際立っていることがわかる。

　1965年以降、日韓の財政政策について大まかに言うと、日本は「国家債務累増の財政政策」、韓国は「国家債務を極力抑えた財政政策」の歴史と言える。国家債務や財政政策は、国内の政治状況や国外からのショックによって、大きな影響を受ける。日本では、1993年の社会党などの連立政権や2009〜12年の民主党政権を除くと、1955年に発足した自民党の単独政権がほぼ維持されてきた。

　「55年体制」は自民・社会の保革二大政党対立の体制ではあったが、日本では議員内閣制として、執権政党が変わるという政権党の交代ではなく、自民党の首相が変わるという政権交代がほとんどであった。このような日本の政権交替に比べると、韓国は大統領制であり、誰が大統領になるかによって、経済財政政策の変動幅は日本よりもはるかに激しい。それにもかかわらず、国家債務については、韓国は日本よりも国の財政規律が守られてきたと言えよう。

おわりに——展望と課題

　日本は1950年代と60年代高度経済成長を成し遂げた後、1973年オイル・ショック期を境に安定成長期に入り、その基調が1980年代後半のバブル経済期まで続いた。1990年代初め頃バブル経済が崩壊した後、総資本形成の対GDP比は低下し続け経済は低迷した。景気低迷だけでなく、少子高齢化の進展に伴う社会保障費の急増に対処するため、厖大な量の国債が発行され、将来世代への負担としてのしかかる状況下にある。2013年から本格的に動き出したアベノミクスによる桁違いの金融緩和政策は、円安と株価上昇をもたらしたが、実質所得の減少が響き、家計への負担に跳ね返っている。

　円安誘導の政策は輸出増大をねらった意図があるが、その一方では外

貨(例えば、米ドル)に換算した日本の所得水準を目減りさせる効果も大きい。1965年当時日韓間には、9倍近くの一人当たり所得(GDP)水準の差があったが、その差は次第に縮小し、2012年には1.9倍となった。それが円安の影響が響き、2014年になると1.3倍までに縮まっている。第2節に示したように、昨今の経済状況や円安が続くことになると、2017年の時点には、韓国の一人当たりGDP水準が、日本のそれを追い抜くことが予想される。

国民総生産の支出構成の考察より、日韓の経済財政政策の特徴的な差について指摘した。国内総生産に占める民間最終消費支出は、韓国は1990年代以降、日本は1980年代以降安定した動きを見せるが、国内総資本形成、政府最終消費支出、輸出と輸入(または純輸出)において、経済政策の向きは両国間で大きく異なる。

とくに日本は、国内総生産に占める政府最終消費支出の対GDP比が、バブル経済崩壊以降(1990年から2014年の間)、11.7%ポイントも上昇した。それに対し、総資本形成(あるいは投資支出)の対GDP比は、同期間中10.5%ポイントも下落した。それだけ日本国内での総資本形成(投資支出)が少なくなり、政府消費支出が増えたことを意味し、今後の展望も明るいとは言いがたい。

日本は1965年以来、「政府債務累増の財政政策の歴史」と言えるほど、政府債務の残高が増えてきた。今後の経済財政政策において、国家債務残高や金融緩和からどう脱却できるかが、喫緊の課題として一層浮上するだろう。しばらくは、家計の金融資産[*12]が政府債務残高を上回り、日本の国債価格も安定している。日本銀行(2015)の「資金循環統計」によると、2014年12月末、海外部門の国債等の保有は9.3%であるが、日本(中央)銀行の保有は25.0%を占めている[*13]。

---

*12 日本銀行(2015)「資金循環統計」によると、2014年12月末時点で家計の金融資産は、1,694兆円、負債は366兆円である。したがって、家計の純金融資産は1,328兆円となる。

*13 1,023兆円の国債等の残高のうち、日本銀行は256兆円を保有する。

今の経済財政政策のままだと、政府債務残高が民間金融資産に迫り、日銀の国債保有が増加の一途をたどるだろう。そのような状況が続くと、日本の国債価格は下落し利子率は上がり、経済財政政策の舵取りはさらに厳しくなろう。金融緩和からの出口戦略をどう探るかという課題も加わるからだ。

　韓国は「国家債務を極力抑えてきた財政政策の歴史」と言えるが、急激な少子高齢化の進行や財政拡大路線の台頭から、今後日本の二の舞を踏むことにならないかという懸念が浮上している。韓国にとって、日本は財政政策は反面教師であるが、高い技術蓄積という教訓の国でもある。日本にとって韓国は、自分の蓄積した技術をさらに活用できる相手でもある。歴史や政治問題の解決に向けた努力は、両国の経済特性を補完的に活かす起爆剤でもある。

　日本経済は、資本や資産が蓄積された安定したストック経済ではあるが、そのストックが十分に活用されず、閉塞感が漂う。それに対して、韓国はダイナミックで企業の意思決定は速いが、フロー経済という性質を帯び、資本蓄積も少なく不安定感がつきまとう。健全な国家経済のヴィジョンへと導くためには、ストックとフローの調和が欠かせない。ストックとフローの特性を生かし、両国の共存への相乗効果を高めるためにも、相互間の「戦略的協調関係」が求められる昨今である。日韓国交正常化以降半世紀が経った今日が、その節目になることを願いたい。

引用・参考文献

岩本康志・尾崎哲・前川裕貴、1995、「『家計調査』と『国民経済計算』における家計貯蓄率動向の乖離について（1）――概念の相違と標本の偏りの問題の検討」『フィナンシャル・レビュー』May、51-82。

岩本康志・尾崎哲・前川裕貴、1996、「『家計調査』と『国民経済計算』における家計貯蓄率動向の乖離について（2）――ミクロデータとマクロデータの整合性」『フィナンシャル・レビュー』January、82-112。

宇南山卓、2009、『SNAと家計調査における貯蓄率の乖離――日本の貯蓄率低下の要

因』独立行政法人経済産業研究所（RIETI）、RIETI Discussion Paper Series 10-J-003。
金溼準、2015、「逆境からの復活の技」3月16日、東京フォーラム発表資料。
鞠重鎬、2013、「家計調査資料を用いた日韓貯蓄行動に関する比較分析」『ゆうちょ資産研究』（ゆうちょ財団）第20巻11月号、123-152。
鞠重鎬、2014、「韓国の財政政策」中島朋義編著『韓国経済システムの研究——高パフォーマンスの光と影』（ERINA（環日本海経済研究所）北東アジア研究叢書3）日本評論社、25-50。
鞠重鎬、2015、『韓国の財政と地方財政』（横浜市立大学学術研究会新叢書7）春風社。
財務省、2006、『日本の財政を考える』。
財務省、2015、「1970年度以降の長期債務残高の推移」。
祝迫得夫・岡田恵子、2009、「日本経済における消費と貯蓄——1980年代以降の概観」深尾京司編著　内閣府経済社会総合研究所企画・監修『マクロ経済と産業構造』慶應義塾大学出版会、33-58。
総務省統計局、「統計資料」(http://www.stat.go.jp/data/cpi/)。
総務省統計局、各年度、『家計調査年報』（家計収支編）。
内閣府経済統計データ、各年度、『国民経済計算』。
日本銀行調査統計局、2015、「資金循環統計——参考図表」3月18日。

韓国語文献

기획재정부、『e-나라지표』（企画財政部『e-国の指標』）（http://www.index.go.kr/）。
곽태원、2002、「재정건전성 확보를 위한 세입정책의 방향」한국개발연구원『2002년도 국가예산과 정책목표』、141-199。（郭泰元、2002、「財政健全性確保のための歳入政策の方向」韓国開発研究院『2002年度国家予算と政策目標』、141-199）。
국중호、2012、『일본의 사회보장・조세의 일체개혁과 한국에의 시사』한국조세연구원．（鞠重鎬、2012、『日本の税と社会保障の一体改革と韓国への示唆』韓国租税研究院）。
기획재정부、2013、『2013～2017년 국가재정운용계획』。（企画財政部、2013、『2013～2017年国家財政運用計画』）。
기획재정부、2014、『2014～2018년 국가채무관리계획』。（企画財政部、2014、『2014～2018年国家債務管理計画』）。
박근혜、2014、「2015년도예산안 대통령시정연설」10월29일．（朴槿恵、2014、「2015年度予算案大統領施政演説」10月29日）。
한국은행、각년도、『국민계정』（韓国銀行、各年度、『国民勘定』）。
한국은행　경제통계시스템（韓国銀行　経済統計システム）（ECOS: Economic Statistics System）（http://ecos.bok.or.kr）。
한국통계청、각년도、『가계동향조사』（韓国統計庁、各年度、『家計動向調査』）。

한국통계청、각년도、『도시가계연보』(韓国統計庁、各年度、『都市家計年報』)。
한국통계청 국가통계포털 (韓国統計庁 国家統計ポータル) (http://kosis.kr/statisticsList/)。
황성현、2006、「1997년 경제위기 전후의 재정정책기조의 비교분석연구」한국조세연구원『재정정책연구자료집』、301-350. (黄ソンヒョン、2006、「1997年経済危機前後の財政政策基調の比較分析研究」韓国租税研究院『財政政策研究資料集』、301-350)。

International Monetary Fund, 2014, *World Economic Outlook Database*, October.
OECD, 2013, *Economic Outlook* No.94, November.
OECD, 2014, *Revenue Statistics* 2014.

第2章

依存から競合、
そして新たな共存へ向かいつつある日韓経済

權 五 景
(グォンオーギョン)

はじめに

　日本にとって韓国、韓国にとって日本は隣国であるだけに喜怒哀楽を混じえた歴史で点綴されている。そのような永い歴史の中でも互いにフィルター（濾過器）と防波堤の機能をしてきた。朝鮮半島は大陸文明の、日本は欧米文明のフィルターだった。また、朝鮮半島は大陸の政治的激変と冷戦下の軍事的脅威に対して、日本は太平洋から発生する自然災害（台風、津波）からの防波堤の機能をしてきた。

　そして、隣国という地理的条件とそこから生まれた歴史的条件は、両国間の経済関係にも多大な影響を与えてきた。特に、現代における互いの経済発展にとって朝鮮戦争特需、日韓国交正常化資金という計り知れないほど大きなきっかけを提供した。そして、歴史認識をめぐって大きな溝がある両国でも経済関係だけは長年友好関係を築いてきた。もちろん、その理由は互いが互いを必要としていたからである。

　ところが、2000年代に入ってから日本では韓国企業に対する警戒心が強まっており、一方の韓国では、もはや日本経済は韓国経済のロールモデルではないという声が広がっている。その背景には、日本経済の停滞と韓国経済の好調がある。そこで、本章では、「韓国の経済発展は日本経済に脅威になるのだろうか」、また、逆に「日本経済の停滞は韓国にとってプラスになるのだろうか」という問いを設定したい。そして、この問いを検証するために次の3つの作業を行いたい。第1に、互いを

必要としてきたと見ることができるこれまでの歩みとその構造的原因を確認し、第2に、両国経済の依存と競合がどのような理由で、どのように変貌してきたかを確認し、第3に、確認できた内容を踏まえて展望を示したい。

1　韓国は技術を得て、日本は市場を得る

（1）独立以前

　植民地時代は朝鮮人にとっては暗鬱な時代ではあったが、別の一面もあった。それは日本の近代的工場と近代的技術の学習または習得の時代だったということである。そして、その暗鬱した時代に学習・習得したものやことが、独立後の初歩的工業化に繋がったと見ることができるのではないだろうか[*1]。

（2）朝鮮戦争特需

　日本ばかりが韓国に経済発展のきっかけや資源を提供したわけではない。朝鮮戦争（1950～53年）は、敗戦直後の日本において復興のための最初の、かつ多大な起爆剤となった。隣国というか、5年前までに自国の植民地だった朝鮮半島で米ソ間の冷戦構造に巻き込まれて内戦が勃発した。当時、ドッジ・ラインという引き締め政策により需要低迷で危機的状況にあった日本企業が、戦争物資の生産拡大で再び息を吹き返すことができたのである。その好例が工作機械業界である。戦後の日本において、工作機械の製作はGHQによって固く禁じられていたが、隣国での内戦により5年ぶりに解禁となった。自由陣営の雄、米国は戦場から遠く離れており、戦争を行うための物資が調達できたのは距離的にも実際の工業力からしても日本に限られていたからである。日本での軍需物資の調達が、朝鮮戦争で自由陣営が戦争に負けなかったことに貢献したことも事実であるが、それ以上に日本は大きな利得を得ることによって高度成長期に突入することができたのである。これからは隣国の不幸が

自国の幸運となる残酷な歴史とは決別しなければならない。なぜなら、隣国の不幸が自国の幸運の種になることを経験すれば、協力より非協力への期待感が高まるはずだからである。

(3) 国交正常化以後

　戦後20年となる1965年に日韓両国は国交を正常化させたが、それには米国の利害が深く関わっていた。1948年の政府樹立[*2]以来、朝鮮戦争を経て1950年代後半まで韓国政府の財政は米国の援助に大きく依存していた。しかし、残念ながら経済発展の土台は築けなかった。その理由について谷浦（1989）は、韓国企業の輸出がわずかに増加しても、財政収入となる米国からの援助額が減らされる可能性があったからと指摘している[*3]。そうした状況の中、米国の貿易収支悪化によるドル防衛政策の一環として対韓援助も大幅に削減され[*4]、財政は極めて困難な状況にあった。米国としては東アジア・太平洋の安全保障維持のために最前線の韓国を守る必要はあったが、財政的に負担となっていた。当時、韓国と日本は国交正常化のための会談はあったもののほとんど進捗はなかった。それに対して、米国は対東アジア戦略の一環として両国の会談が実を結ぶように促した[*5]。その結果、国交が正常化し、それによって米

[*1] 例えば、韓国『毎日経済新聞』1975年9月20日付4面によれば、韓国におけるバルブ製造技術の導入は徴用された朝鮮人が技術を習得したことに基因しているようである。

[*2] シカゴ大学教授のBruce Cumingsは、韓国『ハンギョレ新聞』1990年6月9日付7面で、1948年の韓国政府樹立の背景に米国の世界戦略があったことを主張している。彼によれば、1947年1月に当時の国務長官George C. Marshallが国務次官補Dean G. Achesonに「南韓に確実な政府を樹立し南韓経済を日本経済と連携させることができる政策を草案せよ」というメモを渡し、これが翌年の48年の政府樹立をもたらしたと述べている。

[*3] 谷浦（1989）31頁。

[*4] 韓国統計年鑑によれば、米国をはじめとする外国援助による収入総額は1957年がピークでそれ以降は漸次減額されていく。

[*5] 成田（2014）1頁。

国の対韓財政負担は軽くなった。また、日本は加害者という過去の束縛から解放されるという期待があったし、韓国は経済発展の原資を日本から導入することができた。このように日韓国交正常化は自由陣営三国の利害が一致した結果であった。

　国交正常化にあたり、日本政府は請求権資金として無償３億ドル、公共借款として有償２億ドル、民間（商業）借款として３億ドルの供与及び融資を行った。当時の韓国の国家予算や日本の外貨準備額と比較してみると大きな規模であることがわかるが[*6]、植民地支配の苦痛に対する補償としては安すぎるという議論が当時韓国内にあった[*7]。しかし、金額の規模に対する評価は立場によるものであり結論が出ることはない。大事なのは、そのお金がどのように実を結んだかである。最も代表的なものは浦項（ポーハン）綜合製鉄所の建設である。当該事業には無償供与の10.2％と有償供与の58％の資金が使われた[*8]。それ以外にもソウル市を流れる漢江（ハンガン）上流のダム建設、鉄道施設の改良、ソウル－釜山（プサン）間高速道路建設等々が主な使い道であり、これらはその後の韓国の経済発展に多大な貢献をした。

　ただ、日本政府からの経済協力金はその多くが現金ではなく、日本の「生産物」と日本人の「役務」という形で提供されたということに注目する必要がある[*9]。これは1966〜90年の間に公共借款よりも規模が大きかった商業借款についても同じである。なぜなら、これにより、日本の工業製品（機械と原材料）が韓国にたくさん入り、韓国の製造業が日本に依存する大きな転機となったからである。つまり、依存関係の始まりとして捉えることができる。また、日本は米国の次に大きな軽工業製品の輸出市場として、外貨の主要獲得先でもあった。繊維製品の場合は米国以上に大きな市場だった時期もあった。そして、直接投資において最も規模が大きかった国でもある。

　このように、韓国は外貨獲得と技術導入のパートナーとして日本を受け入れ、輸出拡大による経済成長を可能にすることができた。一方、日本は経済協力という名の下で韓国経済の日本への依存度を高める構造を

作ることができた。要するに、日本の機械メーカーにとって、韓国は販売市場に変わっていったのである。韓国経済が日本に依存を深める過程で成長したのが輸出の担い手だった財閥企業であった。そして、1970年代に、この財閥企業が中心となって現在の重化学工業中心の産業構造が作られたが、なぜ、1970年代に、開発途上の韓国が重化学工業化を達成できたかを見てみよう。

（4）三木首相の訪米以後

　韓国という非常に貧しかった国が短期間に工業化を成し遂げられた背景には日本からの国交正常化資金の役割が大きかったが、それはあくまで元手（seed money）の性格が強かった。韓国経済が現在につながる本格的な工業化を成功させることができた理由は、韓国固有の特殊な要素が大きかった。その要素は国内と国外に分けることができる。国内的要素としては北朝鮮からの軍事的脅威（代表的な出来事としては、1968年の大統領府近辺でのスパイ南派事件、1974年の在日韓国人による大統領夫人暗殺事件）が、国外的要素としては共産勢力の拡大（代表的な出来事としては、1969年のニクソン・ドクトリン［アジアの安全保障に対して米国の介入を抑制すること］による米軍撤収と1975年のカンボジアとベトナムの共産化）が挙げられる。このような状況下で、韓国は防衛産業を優先せざるを得なかったし、日本は自国の安全保障の防波堤としての韓国の役割を認識するようになった。特に日本の対韓国外交が大きく変わったのは三木首相が1975年に訪米をしてからであるが、それ以降日米韓間における協調路線が目立つようになった。実はそれまでの日本の朝鮮半島戦略は等距離外交のようなもので、韓国から見るとさほど信頼できるものではな

---

*6　当時日本でも貴重な外貨（米ドル）払いではなかったため、日本政府の負担は外貨払いに比べれば軽かったと見ることができる。
*7　韓国『毎日経済新聞』1975年12月18日付1面。
*8　注7と同じ。
*9　「日韓請求権並びに経済協力協定」第1条1に明記されている。

かった。つまり、三木首相時代に日韓外交の新機軸が作られたのである。そして、日本と韓国間の経済交流もそれまで以上に活発になったのである。韓国が重化学工業に力を入れた背景として、谷浦（1989）はニクソン・ドクトリンの影響と韓国側による日韓における産業分業体制の構築を指摘している[*10]。また、韓国産業化の設計者とも言われる元官僚呉源　哲（ウォンチョル）氏の証言によれば、「米国高官から、米国は、米ソ間のパワー・バランスに影響を与えうる日本のような工業国からは軍を撤退させないが、ベトナムや韓国のようにパワー・バランスに影響を与えない農業国からは撤退が可能であると聞いたため、防衛産業と重化学工業に力を入れた」と語っている[*11]。

（5）基幹産業の源流

　60年代後半からの韓国内外の安全保障をめぐる環境変化が韓国政府の重化学工業育成政策を本格化させたわけだが、これによって韓国は現在の産業基盤をしっかり固めることができた。また、日本は軽工業だけではなく、重化学工業においても新たな市場として韓国を確保することになったのである。つまり、最終完成品は韓国内で作れるようになったが、その過程において日本の部品、素材及び機械設備は必要不可欠であり、その多くは商業借款の形であった。そのため、韓国製造業の日本経済への依存度がさらに高くなったのである。これは国交正常化から始まった依存関係がさらに強まったことを意味する。

　では、韓国企業は国交正常化資金やその後の重化学工業を育成していく中で導入した商業借款を活用する過程で自然に日本企業への依存を高めたのだろうか。韓国が重化学工業化の初期において、技術導入が日本からだけに偏っていたわけではない。自動車メーカーは米国、イタリア、イギリス、日本の企業から、電子機器メーカーは米国と日本の企業からの技術導入が多かった。しかし、日本との文化的、地政学的距離の近さは、韓国企業にとってコストの安さをもたらした。つまり、隣国の日本からの技術導入が他の先進国からの導入よりも様々な面で最も低コスト

だったという経済合理性が両国企業間の取引をより密にしたのである。

2　赤字ではあるが、損していない韓国の対日貿易

　前節では、韓国の工業化の過程で両国経済は依存関係が形成され、重化学工業化の発展に伴いその関係も強まったと述べた。本節では、その関係を統計データから確認したい。

　まず、2013年末の状況から確認しておこう。韓国はGDP規模では世界14位、貿易規模では世界8位の経済大国へ成長することができた。3大輸出品は半導体、石油製品、自動車であり、3大輸入品は原油、半導体、石油製品である。韓国にとって日本は3番目の輸出先であり、2番目の輸入国である。そして、産油国を除けば最も大きな貿易赤字を記録する貿易相手国であり、記録上独立以後一度も黒字に変わったことがなかったため、韓国では日本政府が非関税障壁[*12]を撤廃することを怠っているという批判がある。日本からすれば韓国は、輸出先の中では第3位、輸入は6、7位を維持し、貿易全体としては第3位の国であり、特に輸出先として重要な国である。

　韓国では日本との貿易は他国とは多少位置づけが異なる。その理由は、長年の対日貿易赤字に起因する。それゆえ、「対日貿易逆調」という言葉に特別な意味が込められている。逆調という言葉は、この場合、「物事の進行が悪い方向に進む状態」を指しており、ほぼ対日貿易逆調だけに使われる。つまり、韓国は日本と韓国の貿易は悪い方向に進行していると判断しているのである。韓国がネガティブに捉えている対日貿易だ

---

*10　谷浦（1989）43-46頁を参照されたい。
*11　韓国『国防日報』2014年7月15日付8面。
*12　韓国にとっての日本の「非関税障壁」としては、例えば、食品、農薬、化粧品において、他国より厳しい品質基準が求められ、行政手続きも複雑である。さらに、梱包が潰れるだけで返品になるなど商取引文化の違いから取引費用がかさむなどがあげられる。

図1　国交正常化以降の韓国の対日貿易収支と対世界総輸出の推移

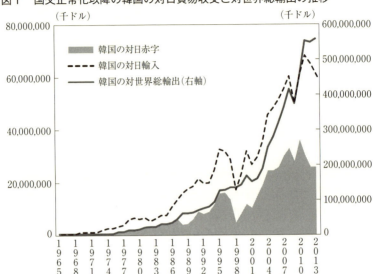

出所：韓国統計庁のkosis.krより作成。

が、1965年以降の両国間の貿易収支を示す図1を見るとその事情がよくわかる。

　アジア通貨危機、リーマン・ショックのような不況時には日本からの輸入も大幅に減少するが、それ以外の期間は日本からの輸入が急速に増えていることが確認できる。一方、日本への輸出はトレンドとしては日本からの輸入と似通った動きをとるが、規模においては約半分の水準でしかない。しかもこのような構造は国交正常化以前からあり、体質化した構造なのである[*13]。二国間貿易でこのような関係は多くの国家間にある。現に非産油国と産油国との貿易はまさにそうである。ところが、石油のような天然資源は仕方ないが、日本からの輸入は天然資源でもないし、しかも赤字の規模が漸増することは日本側の非関税障壁が高いというのが韓国側の認識なのである。

　ところで、図1から見えるのは、一貫した対日赤字ばかりではない。

第2章　依存から競合、そして新たな共存へ向かいつつある日韓経済

　長年にわたって、世界向けの韓国の総輸出が対日輸入とほぼ同じ動きをしてきたことも指摘しておきたい。これは、日本からの輸入をうまく活用し世界に向けて輸出を拡大してきたことの証である。またアジア通貨危機以降、2008年を除けば韓国の対世界貿易収支はすべて黒字となっている。確かに対日輸入増加に基因する貿易収支の赤字は韓国からすれば紛れもなく収支上はマイナスである。しかし、韓国の世界向けの輸出もそれと比例して大きく伸びてきたことにも注目しなければならない。韓国は日本とだけ貿易をしてきたわけではなく、世界中の国々と貿易をしているのだから、損得勘定としては損と見るよりは、損していないと見るのが妥当ではなかろうか。

　では、韓国の対日赤字は韓国の総輸出にどれだけ貢献してきたのだろうか。この問いは、韓国にとって日本からの輸入はどのような意味があるのかに差し替えることができる。この問いに対して、図2をもって2つの関係を説明したい。

　同図は韓国の世界向けの総輸出額を主要4ヵ国からの輸入額で割った値を示しており、韓国にとって最も重要な輸入先4ヵ国からの輸入と韓国の総輸出がどのような関係があるかを見たものである。天然資源もほとんどなく、技術水準も低く、しかも独立直後の朝鮮戦争によって焼け野原となってしまった韓国が今日の輸出大国になれたのには輸入の力が絶大的だったと考えられるからである。

　消費財と中間財の割合がどれだけかがわからないため厳密には言えないが、各国からの輸入が韓国の世界向け輸出にどれだけ貢献したかがある程度はうかがえるものである。まず、国交正常化直後の数年間、日本の値が1.0を上回っている。これは日本からの輸入が韓国の世界向けの輸出よりも規模が大きかったことを意味する。この値がとりわけ高いのは1980年代の前半までであるが、この期間は軽工業は言うまでもなく

　＊13　1964年6月13日付『東亜日報』2面の社説は「日本の対韓経協は韓日貿易不均衡の解消から」という題である。

図2　各国からの輸入と韓国の総輸出との関係

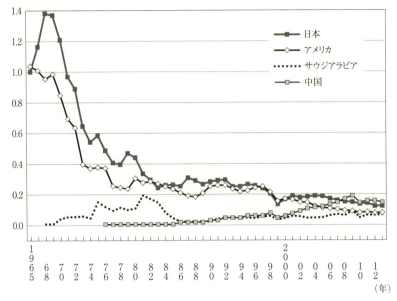

注：日本と米国は1965～2013年、サウジアラビアは1967～2013年、中国は1973～2013年のデータをプロットしたものである。
出所：韓国統計庁のkosis.krより作成。

現在韓国経済の根幹を成す重化学工業の発展初期も含む。工業化において日本と米国からの輸入は韓国にとって極めて重要であり、その後の韓国経済発展の土台形成に貢献したと言えよう。それ以降、韓国経済の発展に伴い、国産化が進むことで日本の値は下がってきた。しかし、日本は2006年――アジア通貨危機後の回復の時期であるが――まで米国とともに一定の比重を占めていた。つまり、韓国は輸出立国戦略で経済発展を可能にすることができたのだが、その過程において自国の輸出拡大のために日本と米国からの輸入に頼らざるを得なかった部分が大きかったことを同図から読み取ることができるのである。一方、中国からの輸入は2007年から2014年現在まで最も規模が大きいが、韓国の工業化の初期には全く関わりがなかった。つまり、韓国の重化学工業化と中国と

の間にはほとんど関係がなかったのである[*14]。

　上述した内容から、韓国の総輸出は日本と米国からの輸入によって説明できる部分が大きいことがわかる。つまり、韓国企業は世界向けの輸出に必要な資財を主に日本や米国から導入し、それをばねとして経済発展を成し遂げたと見ることができる。その過程において韓国の輸出が大きくなればなるほど、日本への依存はより深まってきたのである。

3　依存から競合へ

　前節では、貿易統計をもって日本企業に依存した韓国の工業化が図1に示したように日本にも貿易黒字という形で大きく貢献したことを確認した。しかし、今日の日本において韓国企業に対する警戒感はかつてないほど高い。日本にとってかつてのように正の影響があり続けるのであれば警戒感が高まることはないはずである。本節ではその理由を依存の程度が弱まった一方で、競合の度合いが高まったからではないかという仮説を設定した。ここでは、経済産業省の通商白書のデータを通じて依存と競合の度合いを確認したい。

　『通商白書2012年版』は東アジア諸国の産業競争力を、1990年から2010年までを10年おきに、貿易特化係数で示している。図3は日韓の主力産業である電気機械と輸送機械産業の競合度を最終財と中間財の貿易特化係数で示したものである。貿易黒字が大きくなるほど100へ近づくようになる。また、丸の大きさは貿易額の規模を表している。電気機械の場合、韓国は中間財の躍進が目立つ一方で、日本は最終財も中間財も低下が目立つ。韓国は20年の間に右上方向に動いているのに対して、日本は韓国とは逆に左下の方向に推移していることがわかる。2010年

[*14]　中国からの1990年代の主な輸入品は、植物性物質、原油、繊維などであった。ところが、最近は半導体、コンピューター、鉄鋼板が主な輸入品となっており、しかも最大の輸入国となっている。要するに、2000年代に入ってからの中国からの輸入は韓国企業の世界向け輸出と緊密な関係があると言える。

図3　電気機械と輸送機械における日韓の貿易特化係数の推移

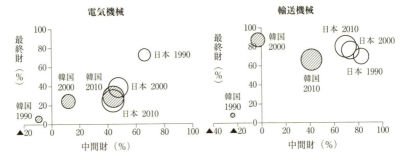

注：1. 貿易特化係数＝（輸出－輸入）／（輸出＋輸入）×100として計算。総輸出入額で計算。
　　2. 横軸は中間財の貿易特化係数、縦軸は最終財の貿易特化係数。円の大きさは中間財・最終財の貿易額（輸出＋輸入）を反映。
　　3. データベースの性格から、相手国の輸入額を当該国の輸出額と見なした。
　　4. 輸送機械は、自動車、鉄道車両、船舶、航空機を含んでおり、韓国の場合は、造船産業の影響が強い可能性が高い。
出所：RIETI-TID 2011 から経済産業省（2012）が作成したものを日本と韓国だけに加工。

の場合、両国の係数の値と貿易額の規模が酷似していることが確認できる。つまり、世界市場で両国企業は非常に競合している可能性が高いのである。また、輸送機械は、両国間の距離が縮まりつつあるものの、電気機械ほど競合はしていないことが確認できる。つまり、まだ競争力にギャップがあり、今のところ日本に競争優位があるがその格差は中間財を中心として縮まっているということである。そして両産業に共通しているのは、中間財において日本は係数の値が小さくなるのに対して韓国は20年間に非常に大きくなっている点である。

4　なぜ、激しく競合するようになったのか？

わずか2つの業界ではあるが、両国の主力業界において競合の程度がますます高まっていることを前節で確認した。本節ではその理由を探りたい。

メモリ半導体、スマートフォン業界に限れば、韓国企業が日本企業の

国際競争力を上回っている。両分野の技術の源流が日本だったことを考えると、韓国企業の躍進ぶりはまさに「青は藍より出でて藍より青し」である。

　ここでは、なぜ、それが可能となったのかについて述べたい。第1に、半導体もスマートフォンもIT産業という新しい分野だということである。そのため、他の産業（自動車工業、製鉄工業、石油化学工業など）と比べ歴史が浅く、先発国と後発国との歴史的かつ技術的格差が相対的に大きくない分野であった。

　第2に、IT産業の特性として、ビジネスのライフサイクルが短く、また、資本集約的であることが挙げられる。そのため、早期の大規模投資は大きな参入障壁を作り先発企業に大きな利潤をもたらす可能性が高い。18ヵ月ごとにコンピューターのチップの容量が2倍に増加するというムーアの法則のように、技術進歩が速い分野であるため、ビジネスのライフサイクルが他の産業に比べ短い。そのような特性があるため、大きな利潤獲得のためには早期の開発と量産が必要となる。そのためには、莫大な投資が必要であり、それを行うための迅速な意思決定が必要不可欠だが、韓国の企業は所有と経営が分離していないため、先発国企業も戸惑う大規模の投資を迅速に行うことができたのである。それに比べ、日本企業は、遅い意思決定→遅くて小規模の投資→ファーストムーバー（市場先導者）からフォロワー（追随者）へ転落→低い利潤→投資原資の縮小という悪循環が始まっていたのである。この第2の特性が日韓間の最も大きな特徴かもしれない。

　第3に、部品のモジュール化（世界中で規格化されており、交換を可能にする部品の組み合わせで製品を設計すること）が進行することで後発国企業でも最終財の開発が以前より容易となった点である。モジュール化以前に後発国企業が先発国企業と同等水準の技術を手に入れる方法は、技術移転と先発国企業の製品を買ってきて分解するリバースエンジニアリングしかなかった。技術移転は先発国企業が認めない限り不可能だったし、リバースエンジニアリングでは同等の性能を持つことはできなか

ったし、市場参入も遅れた。このような理由により、先発国と後発国の技術には一定の時間と距離が保たれていた。先発国においてモジュール化の最大の意義はコスト削減にある。しかし、後発国にはもう一つ重要な意義がある。それは技術入手の容易さである。モジュール化以前であれば手間暇かけても手に入れることができなかった技術（部品）が世界的規模のモジュール化された部品企業のグローバル化で容易に手に入れることができるようになったのである。つまり、世界的部品企業の躍進が後発国企業の製品完成度を高めることで、先発国企業との技術格差を縮めているのである。

　第4に、これまでの産業と違い、市場規模が急速に拡大しており、また、従来の製品と違い、先進国だけでなく特に途上国市場の重要度が急激に増した点である。図4は1990年以降の全世界のGDPに占める各経済圏別のシェアを表しているが、2000年代に入ってから先進国経済のシェアは約20％ポイントも低下している一方で、新興国のシェアはここ10年間で約2倍も急上昇している。その結果、1990年代は先進国と途上国の比率が8：2だったが、2013年現在その割合は途上国の急成長によりなんと6：4と途上国の比率が約20年間で2倍も伸びている。また、表1はSAMSUNG電子とSONYの2012年の売上を地域別に示したものである。自国市場での売上が大きかったSONYと成長市場である中国市場での売上が大きかったSAMSUNG電子の業績の違いが克明に表れている。つまり、両社の中国市場での業績の違いが両者の競争力に大きな影響を与えたと見ることができる。

　第5に、日本企業のリストラによる人材のスピルオーバー（流出）も挙げられよう。業績不振に伴う日本のIT大企業のリストラは東アジア諸国の企業への人材流出を促し、技術格差を縮めることを可能にした。

　第6に、シックス・シグマ（品質不良による損失をなくし企業の価格競争力を極大化すること）のような米国の優れた点を日本以上に吸収したという点である。長年SAMSUNGグループに勤めていた孫郁（ソンウク）は韓国企業の躍進の理由として、シックス・シグマの導入により、日本企業以上

図4　世界経済（GDP）に占める各経済圏別のシェアの推移

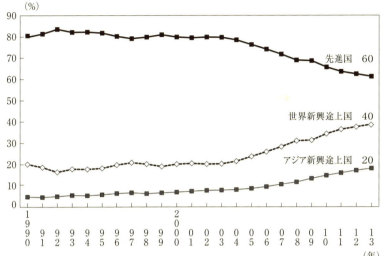

出所：International Monetary Fund, *World Economic Outlook Database*, April 2014より作成

表1　Samsung電子とSonyの地域別売上の規模

SAMSUNG電子		SONY	
自国内	14.5%	自国内	32.4%
中国	20.4%	中国	6.8%
欧州	22.1%	欧州	20.0%
アジア／アフリカ	20.6%	アジア／太平洋	11.9%
米州	22.4%	米国	15.7%
		その他	13.2%
連結売上高（2012年）	201.2兆ウォン	連結売上高（2012年）	6.8兆円

注：201兆ウォンは約20兆円に相当する。
出所：各社のHPに掲載されているAnnual Reportより作成。

に歩留まりが改善できたことを強調している[*15]。

　第7に、円高を挙げなければならない。日本企業の海外生産が拡大一

[*15]　孫（2013）96-97頁。

路にあるとはいえ、全てを海外で調達できるわけではない。従って、急激な円高は日本国内で多くのコストが発生する日本企業の価格競争力を低下させたのである。しかし、プラザ合意以降ずっと円高だったわけではない。円安の期間も相当長い期間何回もあったことを勘案すると、円高を直接的要因と位置づけすることは無理がある。

　ここでは、競合していると見られるIT分野（電気機械分野）の一部において、競合の度合いが高まった背景として7つを挙げたが、それらの要因が複雑化した結果として見るのが望ましい。

5　新たな共存へのヒントは日米経済の変貌にあり

　前述のように、市場や技術環境の変化、あるいはそのような変化への対応の違いによって、日韓の企業間の競合は確かに強まっていると言えよう。SAMSUNG電子やHYUNDAI自動車のような大企業は国内関連企業にこれまでなかった中間財の調達を求め、需要を提供することで、中間財の国産化を推進してきた。これが世界でも競争できる中間財メーカー（そのほとんどがIT部門の上場大企業）を韓国にも登場させた原動力であり、このことはこれまで韓国企業に中間財を提供してきた日本企業にとって脅威と見られてもおかしくない。

　しかし、その範囲は部分的である。なぜなら、韓国には国際競争力を有する中間財（例えば自動車メーカーにおける鉄板、半導体メーカーにおける機械装置など）メーカーが少ないという産業組織上の問題があるからである。つまり、産業のすそ野が狭いため、中間財の国産化に成功したとしても、日本製品ほどの競争力を有していない分野は、これまで同様、日本企業に依存せざるを得ないのである。だから、これまでのように、韓国企業の成長は日本の中間財企業の好調につながっていくに違いない。同じ脈絡からして、日本の中間財企業の停滞は多くの韓国企業にとってマイナスとして働くはずである。

　ただ、遠い将来を展望すると、ずっと韓国企業が日本の中間財メーカ

ーに依存するということはなく、競合の範囲や度合いが高まると考えられる。かつての日本企業がスクラップアンドビルドを継続することで、アメリカの企業とも競争できるようになったのと同じである。韓国企業もこれまで同様、スクラップアンドビルドを継続するならば日本企業と互角に競争できると考えられる。そうなると、これまでの両国の相互依存的なウィンウィンの経済関係は終止符を打ってしまうかもしれない。そうならないために日本企業に求められるのは最近のアメリカ企業の変身ぶりである。1980年代を通してアメリカ企業は窮地に立たされていたかのように見えたが、インターネットとIT機器という新たな領域を切り開くことで、現在、市場を大きくリードしている。アメリカ企業同様、日本企業も韓国企業との競合を避けたければ、アメリカのIT企業のような新産業を切り開くか、アメリカの自動車企業を乗り越えた自国企業のような努力をしなければならないだろう。もちろん努力とはイノベーションのことである。

参考文献

経済産業省編、2012、『通商白書2012年版』。

谷浦孝雄、1989、『韓国の工業化と開発体制』研究叢書No.382、アジア経済研究所。

成田千尋、2014、「米国のベトナム戦争介入と日韓国交正常化」早稲田大学韓国学研究所若手夏季研究大会「韓国学研究のフロンティア」発表要旨。

손 욱, 2013, 『삼성, 집요한 혁신의 역사』 KOREA.COM（孫 郁, 2013, 『三星、執拗な革新の歴史』KOREA.COM）

第Ⅱ部
文化・メディアにおける相互表象からの脱却

第3章

日本における韓国語教育と韓国における日本語教育

金 敬鎬
キム ギョンホ

はじめに

　日本列島と韓半島(日本では朝鮮半島と称するが、ここではこの用語を用いる)は、一衣帯水の国と言われるほど、地理的に近い関係であることは周知のことであろう。

　　太古の昔、一つだった陸地が、地殻変動により無残に引き裂かれ、ばらばらに飛び散った。大陸がびくっと揺動する際に、片方はかろうじて一部が、大陸にくっついて残ったが、一方は大陸から、強い力で離され、ばらばらにされて列島になった[*1]。

　引用のように、現在の日本列島と韓半島は同じ大陸だったことは、地質学研究でも明らかである。すなわち、地殻変動の前までは同じユーラシア大陸の一部だった地形が、地殻変動により引き裂かれた。その後、列島と半島にはそれぞれの王朝や国家が出現したのである。しかし、地理的に近いこともあり、古い時期から両側は交流し合い、影響を与え合っている。
　19世紀以前までは、中国の文化を受け入れた韓半島から日本列島に文化や文明が伝わり、19世紀以降は、西洋文明を受け入れた日本列島から韓半島(以下、日本列島は日本、韓半島は韓国と称する)に伝わった。このように両側は交流や文化を伝え合いながら、互いに影響を与え合っ

てきた。反面、一時においては侵略や植民地統治などがあり、反目をしているのも事実である。しばしば、両国の関係を「近くて遠い国」と表すが、近いとは、地理的なことを指し、遠いとは、心理的なことを言うのであろう。

このような背景を踏まえ本章では、外国語として日本語と韓国語が日韓両国においてどのように教育され、学習されてきたのかを時代別にまとめ、その実態を探る。

1　外国語としての日本語、韓国語の両国における教育と学習の歴史

前述のように、地理的かつ政治を含む地政学的な関係により、日本と韓国は長い間、交流を通じて相互の文化や文明を受け入れ合い、相互の文化形成にも大きな影響を与え合ってきたことは言うまでもない。

しかし、人々の交流にはコミュニケーションが必要で、言語の理解は欠かせない。したがって、日本と韓国の人々の相互交流には相手側の言語の教育と学習が必要とされたに違いないだろう。したがって、まずこの節では、両国語が外国語として相手側においてどのように教育又は学習されてきたのかを歴史的な観点から整理する。

（1）近世[*2]の日本における韓国語教育

日本における公式的な韓国語（韓国語と朝鮮語を同じ意味で用いる）に関する教育機関が初めて設置されたのは、対馬藩の「朝鮮語通詞の養成所」といわれている「朝鮮語稽古所」である。

　　対馬における朝鮮語学習は、「六十人」商人の家庭を中心に展開さ

[*1]　김경호（金敬鎬）（2014）『구로시오（黒潮）』해드림（ヘドリム出版社）33頁。引用は筆者訳。
[*2]　ここでは、時代区分としての「近世」は、日本の場合は江戸時代、韓国の場合は朝鮮王朝時代を指す。

れる親から子への語学教育が基盤にあった。人々は幼少の時代から、この外国語を耳にする機会が多く、そうした環境がいつしか朝鮮語の達人を生み、藩の御用次第では通詞役も引き受けることができるものが数多く存在していた。しかしながらその教育の目的とするところは、所詮は家業が求める「商い上手」の育成にあった。自ら使用される言語は、商業会話が中心であったと想定される。そのこと自体は、貿易で財政を成り立たせている対馬藩の要求にも重なるが、「公」と「私」の利潤追求は、時として対立することもありうる[*3]。

つまり、当時の朝鮮との交易や商売を通じ、利潤を求める「六十人」と呼ばれる商人集団が、家業を守るために私的に親から子へ伝えた朝鮮語の能力が、藩の外交的な必要により公に使われ、家の商いのための「私」と藩の外交のための「公」が並立したことを示す。「私」と「公」が一致する際には問題がないが、場合によっては「私」と「公」は相反することも多いので、対馬藩としては、隣国の朝鮮との外交において無礼が生じたり私情が介入することを排除する必要があり、意思疎通としての言葉の能力だけではなく藩の公式な通訳官として持つべき資質をはじめ、外交官として教養や知識、振る舞いなどを身に付けた通詞の養成が必要だった。しかし、対馬藩が必要とする朝鮮語の通詞を養成するために、公的な教育施設や制度を設け、実施したのは、18世紀（1727年）になってからであった。つまり、対馬藩の朝鮮方佐役（朝鮮担当諮問補佐役）であった雨森芳洲（あめのもりほうしゅう）（1668～1755年）の提案により、設置されたのである。

雨森芳洲は、近江国（滋賀県長浜市付近）で町医者の子として生まれ、10代から医学を学び、その後江戸へ出て、木下順庵の門下に入った。順庵は儒学者（朱子学）としてその名が知られていた人物であった。当時、対馬藩は朝鮮と直接交易や中継貿易を通じ、財政が豊かであり、儒学の研究が進んでいたので、師匠である順庵は、儒学や漢文学に強い興味を持っている芳洲に対馬藩に仕官するように薦めた。対馬藩は、儒学

に関する知識や理解があり、漢文学や中国語にも堪能である芳洲を藩の朝鮮担当として迎え入れた。その後、文禄・慶長の役以降、悪くなっていた朝鮮との関係を修復しようとする対馬藩の意図により、芳洲は倭館が設置されていた釜山の草梁に渡り、1703年から1705年まで、約3年間釜山に滞在した。倭館では、外交の任務を担当しながら朝鮮語を学んだ。当時、朝鮮王朝は、日本語辞典である『倭語類解』を編纂していたが、芳洲はこの辞典の編纂に積極的にかかわり、協力した。それだけではなく、自らの朝鮮語学習の経験を生かし、朝鮮語学習書である『交隣須知』を執筆、編集した。『交隣須知』は、その後、何回も増補、改訂され、明治初期には、政府の韓国語学習書としても使われた。朝鮮に滞在した時には、自分の少年時の名前である雨森東五郎を略し、朝鮮の名前のように3文字に合わせ、「雨森東」という漢名を名乗ったほど、朝鮮の文化に寄り添おうとしたのである。

　3年間の朝鮮での滞在を終え、対馬藩に戻った芳洲は、外交官に相応しい語学を身に付けさせるためには、公的な機関を設置し、教育すべきことを主張したのである。芳洲の意見は、「韓学生員任用帳」に「身分軽御座候而も、役目ハ大切成事ニ奉存候」と記されている。つまり、「通詞の身分は低くても、その役目は大事である」と指摘し、能力のある通詞を発掘し、積極的に朝鮮の倭館に留学させ、学習させるべきだと主張した。「韓学生員任用帳」の案によれば、内容の詳細は次のようである。

　　『小学』、四書、『古文』、『三体詩』などの漢籍の読書。諺文（オンモン）の『類合』、『十八史略』と『物名冊』、『韓語撮要』、『淑香伝』など朝鮮音講読であった[*4]。

[*3]　田代和生（1991）68頁。
[*4]　同上、70頁。

しかし、上記の案で提示したこのような教科は、ハードルが高く、教科に対応できる生徒の募集が大変で、10人も集まらず。この案に従って、倭館へ派遣されたのは2人だけであった。そこでその7年後には、より初等的な教育を目的として通詞養成所が対馬藩に設置された。

このように、日本において初めて公的な朝鮮語教育機関が設置されたのは芳洲の提案によるものである。したがって、芳洲は外交のみではなく、朝鮮語教育と学習に心血を注ぎ、いわば、日本における朝鮮教育の先駆者であり、貢献者である。

(2) 近世の韓国における日本語教育と学習の歴史

韓半島では日本より早く13世紀に、外国との通訳を担当する通訳官を養成する公的機関が設置されたことが『高麗史』等の文献から確認できる。つまり、韓半島では古代から中国の文明や文化を受け入れたので、政府機関としても早くから専門の通訳官を養成する必要性があった。高麗王朝時代には、通文館（1276）*5という中国語とモンゴル語の通訳官養成機関が設置された。その後、朝鮮王朝時代には、中国語だけでなく、近隣の国々の4つの言語（四学）、「漢学（中国語）、蒙学（モンゴル語）、倭学（日本語）、女真学（満州語）」を教育する機関として詞訳院が設けられた。

姜信沆（カンシンハン）（1966）*6は、『朝鮮実録』の記録に基づいて、すでに太宗末期（1414年頃）には、政府機構である詞訳院で日本語である倭学の教育、学習が行われていたと推測している。

　　「去乙未年　受教設倭学　令外方郷校生徒良家子弟入属　合干詞訳院」

なお、太宗18（1418）年5月の記録には、倭語学習生徒が11名という記録があり、世宗12（1430）年10月の記録には、慶尚道監詞の上申書に、管轄地域である金海・梁山・東莱・富山・塩浦等の地域で日本語の教育を行い、学習を可能にしたいという建議が記されている。これら

を勘案すると、その時期には既に中央機関である詞訳院だけでなく、地方においても、倭学の必要性が生まれ、教育も行われていたと推察できる。後に刊行された『経国大典』(1485)にも、倭学訓導の他に、詞訳院の倭学生徒15名、薺浦・釜山浦に各10名、塩浦に6名という記録が見られ、15世紀には、地方においても既に日本語の教育、学習が行われていたことが裏付けられる。

なお、詞訳院における日本語の学習者の資格を官僚の登用試験である科挙(国家試験)により選抜していたが、16世紀以降、朝鮮後期にかけて科挙の倭学科目の合格者の数を調べた報告がある。

表1　朝鮮時代における時代別倭学(日本語)合格者(『訳科榜目』

	16世紀	17世紀	18世紀	19世紀	合計
人数	1	88	118	140	347名

表1の資料は、科挙の訳科合格者を記録した『訳科榜目』に登載された人数である。『訳科榜目』とは、通訳官として国家試験である科挙試験に合格した人の名簿であるが、必ずしもすべての合格者が登載されていたわけではない。したがって、正確な合格者の数は不明であるが、各役科に関する時代別の流れを把握するには役に立つ。すなわち、16世紀には、合格者が1名となっているが、15世紀から詞訳院に日本語教育が公的に始まったという他の記録と17世紀に合格者が88名に達したことから推定すると、17世紀に急に増えたのではなく、16世紀の記録に落ちがあったと思われる。とにかく、17世紀以降には、倭学科目の合格者が増えてきたことが確認できるし、韓半島に日本語学習の需要が多くなっていたことがわかる。

---

*5　高麗末になると「司訳院」に代わる。
*6　강신항(姜信沆)(1966)23項。

（3）近世の日韓両国における韓国語・日本語教育の実態と比較

　近世の日本と韓国はその密接な地政学的な関係によって、相手側の言語に関する知識や理解が必要とされ、両国では、公的に相手側の言語を教育するための教育機関や制度を設け、運営していた。しかし、それぞれの状況や背景、規模、制度、待遇等、運営方法は異なっていた。ここでは対馬藩の「朝鮮語稽古所」と朝鮮王朝の運営していた「詞訳院」の倭学についてそれぞれの特徴を比較しておきたい。

表2　対馬藩の「朝鮮語稽古所」と朝鮮王朝の「詞訳院」の特徴

	朝鮮語稽古所（日本）	詞訳院の倭学（朝鮮）	備考
設立時期	1727年	15世紀（1414年）	韓国の方が約300年早い
主管	対馬藩	朝鮮王朝	日本は藩、韓国は中央政府
選抜方法と資格	「六十人」商人家出身	科挙（国家試験）	日本は商人、朝鮮は官僚
待遇	藩の通詞	官員（正九品以上）	日本は藩の役人
教育方法	初期：留学、現地学習 後期：藩内教育と留学	詞訳院で倭学を学習	朝鮮通信使の通訳で日本に渡航することもある
学習書	『交隣須知』	『捷解新語』等	両方とも改訂が行われる
担当業務	外交と通訳	外交と通訳	両方とも外交官の役割
学習年齢	9歳から17歳まで	制限なし（科挙合格）	日本は商人家、朝鮮は試験

　表2をみると、設立時期は韓国の方が約3世紀早い。その理由は、おそらく韓国には統一新羅以降、中央政府が存在し、外交業務と通訳を担当する官員が必要とされたからであろう。一方、日本では、室町時代以降、大名や藩による地方分権政治が行われ、当時の朝鮮王朝との外交は江戸時代以降は対馬藩に一任された。藩も最初は、「六十人」と呼ばれる朝鮮との貿易を行う特権商人とその子弟が藩の委嘱を受け通訳や外交を行ってきた。しかし、朝鮮の釜山の倭館で滞在経験を持つ芳洲が、通詞の重要性を認識し、藩に公的に教育機関や制度を設けることを提案し、朝鮮語稽古所が出来たことがわかる。

なお、日本では学習書としては芳洲の執筆、編集した『交隣須知』が用いられていた。この学習書は、芳洲が釜山の倭館に滞在していた際に、朝鮮側が作っていた辞典類である『倭語類解』の作成に日本語の諮問役を担当していたので、その経験を生かして編集した語学書である。一方、朝鮮側の通訳官たちが学んだ日本語学習書の『捷解新語』の編纂者は、康遇聖である。康遇聖は文禄・慶長の役の際に、12歳の年で日本軍の捕虜になり、日本に連行された人物である。その後、約10年近く日本で暮らしたが、1601年日本に渡った朝鮮通信使により朝鮮に送還された。日本語や日本の風俗に詳しく、1609年に行われた科挙で訳科の倭学に合格し、訓導に任命され、通訳官として日本との通商と外交を担当した。1617年、1624年、1636年には通訳官として日本に渡り、通訳官の仕事をしながら、文禄・慶長の役で捕虜として連行された人々の送還に尽力した。康遇聖が自身の経験に基づいて著述した日本語学習書である『捷解新語』の全10巻は、1676年に本として刊行され、1678年以降は詞訳院の教材として使われた。

　このように、日本において公的に朝鮮語教育が実施されたのは、地方政府である対馬藩に設置された「朝鮮語稽古所」がその始まりで、一方、韓国においては「詞訳院」に倭学部が設けられ、中央政府が通訳官を国家公務員として養成したことがわかる。なお、選抜方法も韓国では科挙によって選抜され、日本では商人家の出身者から選抜されたのも特徴として挙げられる。

2　近代における日本語と韓国語の教育の実態

　近代という時代区分は、歴史学や文学等の学問分野によりその区分が異なるが、ここでは、日本の近代は明治維新（1868年以降）から戦前まで、韓国は、開化期（1876年以降）を含め、1910年までを初期、韓国併合（1910）から解放（1945年、日本の植民地時代の終わり）までを後期とする。

（1）近代における日本の韓国語教育の実態

　1868年、日本では明治維新が成功し、その4年後には廃藩置県が実施された。つまり、地方領主であった藩が廃され、中央政府の地方官による管轄支配という行政改革が行われることになった。その結果、以前までは、対馬藩が主管してきた朝鮮通詞の養成の業務は中央政府である明治政府の外務省朝鮮事務課が管轄することになり、外務省は対馬の厳原に「韓語学所」を改めて置いた（1872）。すなわち、この韓語学所は、中央集権政府である明治政府が設置した近代における最初の韓国語教育機関であった。この韓語学所は、翌年に韓国の釜山にある草梁公館（以前の倭館の場所）に移管され、「草梁館語学所」として名称が変わる。しかし、この草梁館語学所は日本の文部省管轄の東京外国語学校に朝鮮語学科が設置（1880）されることになり、廃止された。しかし、東京外国語学校の朝鮮語学科の初級課程では、雨森芳洲が編纂した朝鮮語教科書である『交隣須知』と『隣語大方』*7等が用いられ、対馬藩の朝鮮語稽古所と草梁館語学所の教育内容と方法を受け継ぐ形式をとっていた。すなわち、廃藩置県の行政改革により、対馬藩の「朝鮮語稽古所」は東京外国語学校に移管されたが、対馬藩における韓国語教育の伝統は依然として受け継がれていたのである。なお、1883年には、長崎県立厳原中学校が開校され、韓語学部が設置される等、この時期においては日本の韓国語教育が拡大したことがわかる。

　表3でみられるように、明治維新後、日本における韓国語教育は、江戸時代とは異なり、その中心が対馬から東京に移された。しかし、依然として対馬や長崎、山口、すなわち韓国と地理的に近い地域でも根強く韓国語教育が行われていたことがわかる。なお、慶應義塾大学にも、一時的であるが、韓国語を教える朝鮮語学校が設置されていたこともあったので、その拡大ぶりがわかる。

　　明治二十八年（1895）一月から義塾内に朝鮮語の会話の教授を目的
　　として夜学の朝鮮語学校を開設したことがあった。中略、一ヵ年修

業の課程で開校して、一時は在学生百名を越える盛況を示したが、同年七月に都合により廃校した。もともとこの語学校はそのころ行われた朝鮮政府の改革を背景として設けられたものであった。中略、福沢年来の主張たる朝鮮の独立を助け、日鮮両国の各方面の交流に役立たせようとの考えから義塾内において朝鮮語の教授を始めたものであろう[*10]。

表3　近代の日本で設置されていた朝鮮語の教育機関

教育機関	教育目的	設置と廃止	場所	備考
韓語学所	専門語	1872～1873	対馬	朝鮮語稽古所を受け継ぐ
東京外国語学校	専門語	1880～1886	東京	現東京外国語大学
長崎県立厳原中学校	第2外国語	1883～1884	対馬	廃止後長崎中学校に編入
東京外国語学校所属高等商業学校	第2外国語	1884～1916	東京	東京外国語学校附属
慶應義塾朝鮮語学校	朝鮮語会話	1895～1895	東京	夜学の朝鮮語学校
高等商業学校附属外国語学校附設	韓語学専門	1897～1927	東京	東京外国語学校附設
山口高等商業学校	第2外国語	1905～1922	山口	滿韓地方ノ實業ニ從事[*8]
長崎高等商業学校	第2外国語	1905～1922	長崎	清・韓・独語を設ける[*9]
東洋協会専門学校	専門語	1907～1920	東京	現拓殖大学の前身

[*7]　『隣語大方』は、著者は不明であるが18世紀から19世紀に作られたものとして推定される。当時の朝鮮語の文にカタカナと漢字交じりの日本語で文が書かれ、日本では朝鮮語の学習書として、韓国では詞訳院で日本語の学習書として用いられた。

[*8]　山口高等商業学校は設立当時から「滿韓地方ノ實業ニ從事」する人材の育成を標榜し、第二外国語科目として「中国語（当時の清語）」と「韓国語」の言語の選択を指定していた。

[*9]　設立時から「清（中国）・韓・南洋方面に雄飛活躍すべき人材」の育成を標榜しており、開校当初は第二外国語として「中国語（当時の清語）」「韓語」「独語」の3言語の選択が指定されていた。

[*10]　慶應義塾（2008）143-145頁。

しかし、明治維新の5年後から明治政府によって始まった韓国語教育が1920年代に入ると廃止される傾向が現れる。その背景には、1910年に当時の大日本帝国と大韓帝国の間に締結された日韓併合条約（韓国併合ニ関スル条約）による植民地化があった。

> 1910年にソウル（当時「京城」）に、朝鮮総督を長官とした朝鮮支配のための最高行政官庁（朝鮮総督府）が置かれると、従来の「日語」は「国語」と改められ、逆に従来の「国語」は「朝鮮語」として取り扱われることになった[*11]。

引用のように、日本の植民地化により同化政策が始まり、日本語が韓国の国語になり、普通学校でも日本語の授業が実施されるようになったので、特別な目的がなければ日本人が韓国語を学習する必要性がなくなった。すなわち、今まで近隣外国語として必要とされた韓国語は植民地化によって、韓国人に日本語の使用を強制したので、外国語として日本語を教育する必要も外国語として韓国語を学ぶ必要もなくなった。かつて、スペイン等の西洋の国が大航海時代にペルーやメキシコの南米の国々を支配し、自分たちの言語であるスペイン語を強制し、原住民語をなくしたのと同じことが、この時期に帝国主義者によって韓国でも行われたのである。いわば韓国語教育の暗黒の時代であった。

(2) 近代の韓国における日本語教育の実態

1) 近代の初期における日本語教育の実態（1876年から1910年まで）

韓国におけるこの時期の日本語教育と学習の状況は、1895年までは前の時代と同じく、詞訳院が中心となって、選抜、通訳官を養成し、外交と通訳を担当させた。なお、1894年には朝鮮政府により改革（甲午更張）が実施された。高宗（コジョン）（朝鮮王朝第26代国王）の勅令（1895）により、官立外国語学校の組織の中に「漢城日語学校」が設置された。しかし、

日清戦争(1894〜95)が起こり、日本の勝利に終わると、日本政府や民間人が日本語学校や教育に積極的に関与するようになった。

> 官立人川日語学校が韓国政府直轄の「日語学校」でありながら、日清戦争を契機として日本がその設立に直接参加し、朝鮮に対する教育的進出を積極的に推進した最初の学校であり、また日本の近代的教育が朝鮮進出の先駆けをなした学校であった[*12]。

すなわち、以前は、韓国政府主導で自発的に行われていた日本語教育が、日清戦争以降は、日本人主導に変化したことである。

> この期(1894〜1910)は、いわゆる日韓「併合」以前であり、本来「日本教育史」として観察することは不遜なことである。しかし、その後の準備過程として明らかに日本政府の意思が働いており、かつ1905年に至っては、完全に「併合」後の施策に連続する政策を見ることができる。…(中略)…、1905年、日韓協約により日本の介入は制度的にも確立され、…(中略)…、「統監府」の設置された1906年、学校制度も改変された。この時点から普通学校(小学校を改称)の教科に日本語が加えられ、地理、歴史において「隣邦」が強調されるなど、日本の隷属の意識化がはかられている[*13]。

つまり、韓国の開化期における日本語教育は、日清戦争以前までは、外交や通商、交流の重要性から韓国政府の主導で自発的に行ってきたが、それ以降からは、日本の政府や民間の影響が強くなり、さらに1905年頃からには、「併合」を見据えた政策の下で日本語教育が強制的に変え

---

*11 泉文明(2006)22頁。
*12 桜井義之(1976)155頁。
*13 佐野通夫(1981)224頁。

られつつあったことがわかる。この事実は、日本語教育が教育ではなく政治の尖兵として利用されたことを裏付けている。

2）後期における日本語教育の実態（1910年から1945年まで）

　前述したように、日清戦争以降からは韓国において日本政府の干渉が強くなり、日本語教育にもその影響が現れた。さらに、1910年に「韓国併合条約」により、植民地統治が正式に始まり、翌年の1911年8月23日に朝鮮総督府により、「朝鮮教育令」が公布された。この令は、朝鮮における教育制度全般を定めた勅令であるが、次のように記されている。

　　第一条　朝鮮ニ於ケル朝鮮人ノ教育ハ本令ニ依ル
　　第二条　教育ハ教育ニ関スル勅語ノ旨趣ニ基キ忠良ナル国民ヲ育成
　　　　　　スルコトヲ本義トス
　　第五条　普通教育ハ普通ノ知識技能ヲ授ケ特ニ国民タルノ性格ヲ涵
　　　　　　養シ国語ヲ普及スルコトヲ目的トス[*14]

　さらに1938年になると、「朝鮮教育令」が改正され、学校での朝鮮語の教育が禁止されることになる。この時期には、従来の外国語であった日本語は、公用語から「国語」と改められた。反面、従来の「国語」であった韓国語は「朝鮮語」という名称で、原住民語として取り扱われることになった。すなわち、朝鮮総督府は、韓国において外国語であった日本語を公用語とし、ひいては国語とした。したがって、この時期は外国語としての日本語教育や学習が姿を消した時期であった。

　次の表4は、植民地時期に朝鮮総督府により公布された教育の政策と言語に関する政策のまとめである。

　すなわち、1938年に改正、公布される第三次教育令により、それまで原住民語として教えられた朝鮮語の授業が廃止され、学校ではコミュニケーションの道具である朝鮮語の使用が一切認められなくなった。さ

表4　植民地時期に朝鮮総督府により公布された主な教育の政策

年度	出来事と教育令	内容	結果
1910	韓国併合条約	朝鮮総督府設置	皇民化国語教育開始
1911	第一次朝鮮教育令公布	忠良なる国民を育成	日本語のみによる教育実施
1922	第二次朝鮮教育令公布	第一次朝鮮教育令を改正	普通教育において、日本人と朝鮮人を区別
1938	第三次朝鮮教育令	第二次朝鮮教育令改正	朝鮮語の授業廃止
1942	国語普及運動	徴兵制のために	徴兵制実施を発表
1944	徴兵制実施と皇民化	内鮮一本化	徴兵制に伴う日本語常用

らに、1942年に入ると太平洋戦争の戦況悪化により、朝鮮人の徴兵制が閣議決定された（実施は1944年以降）。その以前の、1940年には、韓国人の固有の姓名を捨て、日本式の名前を持つように創氏改名が実施され、1941年には、学校教育以外でも日本語を国語として常用するように強制された。このように、当時の朝鮮を完全に日本化しようとする政策（皇民化政策）が強制的に行われた。

　　この時期（一九四二年）は、植民地全般を通じて「国語（日本語）」政策が最も強硬に展開されていたという点において注目される。朝鮮で徴兵制度を実施するにあたって「国語」普及率の低調さは当時の為政者たちにとって心配事の一つだった。中略、「国語」を体得しない限り、決して「皇国臣民」にはなり得ないという認識が、そうした危機意識の底に横たわっていたからでもある。このため、全ての朝鮮民衆に「国語」を学ばせ、これを日常化して日常語として使用させる「国語全解・国語常用」政策が「国民総力運動」として大々的に取り組まれた[15]。

---

[14]　内閣官報局、1911、『法令全書』8月号、[勅令] 290-291頁。鈴木敬夫（1989）285頁から再引用。

[15]　熊谷昭泰編著（2004）。

つまり、以前の日本語教育と学習は、人びとの相互理解や他者の文化への理解の一環として自発的に行われてきたことであるが、植民地統治期には、相互の文化に対する理解ではなく、帝国主義と同化主義により日本語が外国語ではなく、国語として教え込まれていた時期である。いわば、相互の文化への関心が踏みにじられ、武力的で野蛮的な軍事文化的な画一主義が横行した暗黒期である。

3　解放後（1945年以降）における日韓両国の日本語と韓国語の教育

1945年8月太平洋戦争が終わり、日本と韓国の間には、植民地統治が終焉を告げることになった。したがって、植民地期に韓国で強制的に実施されていた日本語＝国語という等式は成立しなくなり、再び、韓国語は母国語、日本語は外国語として位置づけられた。

したがって、この節においては、戦後の直後から現在まで、韓国における日本語教育と日本における韓国語教育の現況を述べておきたい。

（1）戦後の韓国における日本語教育の実態と現状

1945年、日本の植民地統治が終わり、韓国では強制的に行われていた日本語教育も全ての学校で廃止された。戦後、新しい大韓民国政府（1948年）は、高校で外国語教育を行うこととし、英語、ドイツ語、フランス語、中国語が開設されることとなったが、日本語は外された。

その後、1961年に韓国外国語大学に日本語学科が設置されるまでに、韓国では公的な日本語教育は行われなかった。1965年には、日韓基本条約が結ばれ、しばらく断絶された国交が再び正常化されることとなったが、依然として韓国では日本語に対する反感が強かったので、日本語が高校で第二外国語として導入されたのは、国交正常化の8年後の1973年であった。その後、大学入試の科目として日本語が外国語選択科目に追加され、日本語科目を選択する学習者の数は増えるようになった。

なお、大学においては前述のように韓国外国語大学が1961年に日本語学科を専門学科としてはじめて開設した。韓国で刊行されている『教育統計年譜』(韓国教育開発院 2011) によると、韓国の大学の総数は330校 (4年制と2年制の合計) で、その内、日本語関連学科が設置されている大学が118校であり、約36%を占めていると報告されている。なお、日本の国際交流基金の調査報告書に次のような記述がある。

　　韓国では、1965年の日韓国交正常化前後、まず大学校 (日本の大学に相当) に日本語専攻科目の設置が始まった。その後、1973年に高等学校の教育課程 (日本の「学習指導要領」に相当) が部分改訂され、日本語が第二外国語科目の一つとして導入されたことが契機となり、学習者数は一気に増加した。また、2001年に中学校でも第二外国語の一科目として日本語教育が開始された。その結果、2009年調査まで、韓国は (海外において) 最も日本語学習者が多い国であった[*16]。

　最近の調査では、前と比べて12.8％減少し、人数としては世界の3位となったと報告されている。しかし、人口10万人あたりの学習者数は1,744人に達し、人口当たり学習者の人数としては、依然として世界一と報告されている。
　すなわち、戦後の韓国における日本語教育と学習の状況は、植民地という野蛮な時代の経験より韓国人にトラウマができ、一時的に日本語に関する関心は遠のいたが、以前に比べて増えている状況である。こうした増加は、その理由が文化交流にあれ、経済的な理由にあれ、韓国人が隣国の日本についての理解、交流等に深い興味を持っていることを裏付けている。

＊16　国際交流基金 (2013) 29頁。　日本の国際交流基金が調査し発表した、世界における日本語教育に関する機関や地域別の情報から引用。

表5　戦後に韓国語（朝鮮語）学科が独立組織で設置されている主な大学

教育機関	設立年度	内容	形態と地域
天理大学	1949年	天理外国語学校（1925）から改組	私立（奈良）
大阪外国語大学	1965年	戦後、国立大学の最初の朝鮮語学科	国立（大阪）
東京外国語大学	1977年	1927年に廃止され、復活	国立（東京）
富山大学	1977年	人文学部に朝鮮語朝鮮文学コース	国立（富山）
神田外語大学	1987年	韓国語学科設置	私立（千葉）
目白大学	2005年	韓国語専攻設置（2008年学科に改組）	私立（東京）

（2）戦後の日本における韓国語教育の現状

　戦前から日本で韓国語教育を公的に行っていたのは、天理大学である。天理大学は、1925年「天理外国語学校」として設立されて以降、朝鮮語部を設置したが、戦後の1949年、天理大学として改組し、文学部の中で韓国語を専門語として教育していたので、1965年に大阪外語大学に朝鮮語学科が置かれるまでは、日本で唯一の韓国語教育が行われる大学であった。

　以降、日本と韓国の政府の間に結ばれた「日韓基本条約（1965）」による国交正常化の雰囲気に伴って、国立大学にも韓国語を専門とする学科を設置するようになった。

　よって、戦後の日本の韓国語教育における大きな転機は、日韓国交正常化であるといえるだろう。1965年には国立大学の大阪外国語大学を皮切りに、東京外国語大学や富山大学にも朝鮮語や朝鮮文学など関連学科が設置された。その後、1980年代に入って、神田外語大学に韓国語学科が設置され、2005年には東京の新宿区にある目白大学に韓国語専攻が設置され、2008年度からは韓国語学科に改組され、現在は入学定員数が60名で、日本で韓国語学科としては一番大きい定員数を持ち、韓国語や韓国文化など、関連科目が教育されている。なお、2002年以降には、大学で教養として韓国語講座が多くなっていることも報告されている。

2002年度の調査時点での韓国語を実施している4年制大学は私立、国立（公立）を合わせ、322の大学で韓国語講座が行われていることがわかる。大学における韓国語教育の実施状況が着実に拡大されていることは確かであり、関係者の多くがここ数年の拡大傾向を認めている[17]。

日本の公共放送局（NHK）が教育放送で1984年から「ハングル講座」をラジオとテレビで放送することになり、ソウル・オリンピック（1988年）を契機に、日本では各種文化センターなどでも韓国語講座が開設されるようになった。1998年には、日韓の当時の両首脳（金大中大統領と小渕恵三首相）が「21世紀に向けた新たな日韓パートナーシップ」を宣言し、「日韓共同宣言」が行われ、両国の文化を開放することを決めた。2001年には、日本のセンター試験で、韓国語が第二外国語として選択されるようになり、2002年には、ワールドカップが共同で開催され、文化とスポーツの交流が活発に行われることになった。それを背景に、日本で韓流ブームが起き、日本において韓国語学習者の数は多く伸びた。例として、NHKのハングル講座のテキストの売り上げの推移を参考にすると、1984年の時点には9万部程度であったのが、2004年には20万部までに増えたと報告されている。

NHKの語学テキストの販売推移をみると、テレビハングル語講座のテキストは2001年の8万部から2008年には22万部で、英語を除くと第一位となっている。韓国への友好感情の高まりは、韓国への留学増加につながり韓国の外国人留学生は2003年に12,314人、2009年4月現在、2003年比5倍増の63,952人に達している[18]。

---

[17] 金敬鎬（2009）232頁から再引用。
[18] 日本貿易振興機構（ジェトロ）（2011）1頁。

このような推移から戦後の日本における韓国語教育と学習の状況は拡大しつつあることがわかる。最近、日韓の政治を取り巻く状況が悪化し、さらに一部ではあるが、ヘイト・スピーチなどの動きにより、韓国文化離れが起き、日本における韓国語教育と学習にまで影響が及んでいる。NHKエデュケーショナルによると、ハングルテキストも売り上げ部数が2013年度から前年と比べて減っていると報告されている。

しかし、戦後の日本における韓国語教育と学習は、政治的な背景やオリンピック等のスポーツイベント、韓流等、時代の流れにより影響を受けたりしながらも拡大しつつあることは間違いない事実で、いわば日本における韓国語教育のルネサンス期にあると言える。

おわりに

今回、「国家主義を超える日韓の共生と交流」という観点から日韓両国における韓国語教育・日本語教育の状況を歴史的に調べ、その状況と実態をまとめた。すなわち、日本と韓国は近世期に外交や通商において相互理解を深めるためにそれぞれ「朝鮮語稽古所」と「詞訳院（倭学）」を設置し、相手国の言語を藩や国が教育したことがわかった。

明治期に入ると「東京外国語学校」が設置され、引き続き韓国語教育が中央政府によって行われた。さらに、長崎や山口にも韓国語教育機関が設置される等、日本ではこの時期には韓国語教育が拡大した。一方、韓国においても、官立日語学校や私立の日語教育機関が開設され、日本語を学ぶ学習者が増えつつあった。

しかし、1910年の韓国併合条約による植民地統治が始まり、朝鮮教育令の公布により強制的に韓国語は原住民語に降格され、それまで外国語であった日本語が公用語として国語となった。さらに、1922年から原住民語として教育された韓国語の授業が廃止され、1942年には日常においても韓国語の使用が禁止された。いわば日本語が外国語ではなく、国語として位置づけられた。つまり、植民地統治期は、外国語としての

日本語教育の観点からみるとまさに暗黒期であった。

　しかし日本の敗戦によって、日本による韓国の植民地統治が終わり、しばらくの間、両国は国交が断絶し、両国における日本語と韓国語教育は一時的に低迷した。しかし、1965年の国交正常化以降には両国で拡大しつつ、21世紀以降はまさにルネサンス期ともいえる状況になっている。

　最近、政治を取り巻く状況により少しの変化はみられるが、歴史的な観点からみても、グローバル化の観点からみても、外国語としての韓国語と日本語の学習者の推移は増加することと推察できる。

　今までの調査とまとめを踏まえ、1つの提言をすると、これからの両国における日本語と韓国語教育は、覇権主義的な認識や政策を捨て、それぞれの文化を認め合い、尊重する姿勢と方向性を維持すべきであろう。

　世界遺産条約によって、人類が作ってきた文化遺産を保存し、後代に伝えるためにユネスコ世界文化遺産の指定の動きが活発である。すなわち、人類が誇りをもって、文化とその価値を楽しみ幸福を感じることは人間の理性によることである。武力によって、他国を支配する覇権主義的な帝国主義は人類の理性に反する野蛮的な行為で、結局、人類を滅亡に引き込みかねないやり方である。したがって、日韓両国も文化主義的な観点で互いの文化を理解し合い、隣国としての共存を求めるべきであろう。

引用・参考文献

泉文明、2006、「戦時下の日本語教育」『龍谷大学国際センター研究年報』第15号。
金 敬鎬、2009、「日本語母語話者の韓国語学習に関する意識調査」『目白大学人文学研究』第5号。
熊谷昭泰編著、2004、『朝鮮総督府の「国語」政策資料』関西大学出版部。
慶應義塾編、2008、『慶應義塾百年史　中巻（前）』慶應義塾。
小栗章、2007、「日本における韓国語教育の現在」『韓国語教育論講座　第一巻　』くろしお出版。

桜井義之、1976、「「『官立仁川日語学校』について」『朝鮮学報』朝鮮学会第81輯。
佐野通夫、1981、「植民地朝鮮における日本の教育政策」『東京大学教育学紀要』第1巻。
鈴木敬夫、1989、『朝鮮植民地統治法の研究』北海道大学図書刊行会。
田代和生、1991、「対馬藩の朝鮮語通詞」『史学』第60巻第4号。
日本貿易振興機構（ジェトロ）、2011、「韓国のコンテンツ振興策と海外市場における直接効果・間接効果の分析」。
日本国際交流基金、2013、『海外の日本語教育の現状　2012年度日本語教育機関調査より　概要』。
山口華代、2009、「朝鮮語通詞小田幾五郎とその墓所について」『対馬歴史民族資料館報』第32号。

韓国語文献
강신항、1966、「이조시대의 역학정책에 관한 고찰」『대동문화연구2집』。（姜信沆、1966、「李朝時代の訳学政策に関する考察」『大東文化研究二集』）
김경호、2014、『구로시오（黒潮）』해드림（金敬鎬、2014、『黒潮』ヘドリム出版社）

第4章

ソフトパワーとしての韓流と嫌韓流論、そして韓流食客たち

李 香鎮(イ ヒャンジン)

はじめに——韓流を見る3つの理論フレーム

「韓流」は新生ソフトパワーであり、韓国社会を除いた地域に暮らす人々が韓国大衆文化を楽しむ現象、または韓国大衆文化のグローバル・バージョンといえる。生産者と享受者の国籍の違いを前提とするトランス・ナショナル・カルチャーでもある。生産国の国益を追求するソフトパワーとして重要な政治的、経済的、外交的役割をなすが、受容国の立場から見た韓流は異なっている。韓流が汎アジア的な現象として登場した1990年代末から、中国、台湾、香港、ベトナム、モンゴルなどでは「抗韓流」論が起こった。これは韓流から地域社会の文化産業を保護しようとする動きであり、同時に進歩主義の立場から、「資本主義によって堕落した」大衆文化を批判する大衆文化批判論でもあった。中国政府は韓流の急速な拡散をくい止めるために法的規制も行った。それにもかかわらず進歩主義者たちは、韓流の無分別な拡散は西洋社会の帝国主義的文化侵略にほかならず、受容国の文化的アイデンティティーを脅かす可能性があると主張している(ペク・ウォンダム 2005、シン・ヒョンジュン 2005、イ・ドンヨン 2006、Xiaowei Huang 2009、ハン・ヨンギュン 2013)[*1]。

[*1] 韓流という呼称が初めて登場したのは1997年の中国であり、1999年に『北京青年報』がH.O.Tファンダムを紹介し本格的に使われ始めたという。2000年にH.O.Tのライブが若者の人気を得ると、中国政府は韓国大衆文化輸入に対し制裁措置として韓国歌手の公演を禁止した。詳細はハン・ヨンギュン(2013)を参照。

第Ⅱ部　文化・メディアにおける相互表象からの脱却

　しかし日本の嫌韓流論は、強大国がリードするグローバル化過程において、西洋資本主義文化によって多様な地域文化が周辺化することを憂慮する進歩主義者の主張とは異なっている。日本の嫌韓流論の底流には、保守主義者の人種差別主義を見ることができる。文化の優劣を前提にし、ヘゲモニーソフトパワーを持つ「西洋」へ周辺国の「劣等な」文化が逆流する現象を防ごうとする文化エリート主義も感じられる。韓流は旧植民地からの文化的侵略であり、在日韓国人の民族文化と韓国の大衆文化が巧妙にその境界をぼかし「無知な中年女性」を惑わしている、というのが嫌韓流論者たちの主張なのである[*2]。したがって嫌韓流論者は、民族的優越意識からくる文化的偏狭性を扇動しつつ、韓流を前面に押し出す日本企業やメディアも単一民族主義を脅かす勢力と見なしている（板垣竜太　2007、ファン・ソンビン　2014）。そして日本社会の文化的多様性に対する認識も西洋志向であるといえる（吉見俊哉　1999、2002、2003）。

　嫌韓論と反韓流デモを主導する人々の大多数は、構造化した長期失業と非正規雇用を転々とするなかで蓄積した疎外感と相対的劣等感を抱える社会階層であるという[*3]。彼らは主流社会に対する政治的不満や経済的不安感を在日韓国人に対する反感と排斥を通し解消しようとする、そしてそれを愛国心の表現であると美化する。しかし、これは愛国心、つまり道徳的に正当化された感情の表出に過ぎず、韓流ファンと傍観的な受容者たちに羞恥心と侮辱感を与えることで、集団的カタルシスを追求するものである[*4]。そして日韓の歴史問題と在日韓国人に対する根深い差別意識を刺激し、多様な形態の保守主義的社会集団の支持を得ようとするものである。しかし皮肉なことに、嫌韓流論者たちの扇動と暴力的デモは、歴史・政治的イシューに無関心な韓流ファンはもちろん、消極的な一般受容者にまで消費主体として自身の文化的選択の正当化を意識させ、行為者（agent）意識をもって消費活動をさせることになった[*5]。

　ひいては韓流ファンではない社会集団が進歩主義的視角から人種差別に対する自制を要求し、第3の韓流議論を生み出すという結果ももたらした[*6]。また、韓流と在日韓国人に対する極端な嫌悪と持続的な威嚇行

第4章　ソフトパワーとしての韓流と嫌韓流論、そして韓流食客たち

*2　『マンガ嫌韓流』は、特別編で、冬のソナタと韓流ブームをエピローグで紹介するだけで、韓流に対する内容をほとんど扱っていない。「理解できないブーム」をリードするメディアとバブル世代の中年女性ファンを攻撃し、嫌韓流論者がむしろ主流社会から疎外された被害者だと主張する。しかし皮肉にもこの本は韓流ブームの恩恵を最も受けたものであり、発売後1週間で20万部を超えるベストセラーになったと主張している。

*3　例えば安田浩一（2012）は、在特会結成に至る主要な社会要因は、会長桜井誠や中心メンバーが感じた経済的・階層的な相対的な疎外感、そして成長過程において蓄積した在日朝鮮人コミュニティーに対する拒否感だと指摘している。

*4　特に、2009年に行われた在特会による京都朝鮮第一初級学校の校門前デモは、国内はもちろん国際的に注目される人権侵害行為であった。ニューヨークタイムズ誌は、在特会を西洋の人種差別主義者「スキンヘッド」またはネオナチと見なす日本社会の批判的視角を紹介し、これらの団体の多くが慢性的な失業と個人的な挫折感を抱える若年層が、外国人にその原因を転嫁する心理だと説明している。The New York Times, 'Japanese Court Fines Rightist Group over Protests at a School in Kyoto'　20013年10月8日A10（L）参照。

*5　筆者によって2005年〜2006年にわたり行われた韓流ドラマファンへのインタビューとアンケート調査・日常生活に関する調査によると、韓流ファンは、『マンガ嫌韓流』など保守主義者の出版物やネット上の書き込みはそれほど気にしていない。一方、韓流ファンを娯楽の素材とし商業的利潤を追求するテレビ局、嫌韓論の生産・拡大をねらい韓流ファンを嘲笑する極右週刊誌や月刊誌の広告が電車内を飾ることについては、批判的な立場をはっきりと見せた。また、なぜ自身らが日本の旧態依然たるドラマやバラエティーに興味をそそられなかったのか、あるいはなぜ既存のテレビ番組とは異なる、新たなコンテンツを楽しんでいるのかを説明する。そしてこの間、主流テレビ局やマスコミが韓国や在日韓国人に対する否定的なイメージを伝えてきたことについては懐疑的である。ファンの中には、南北分断や日韓の歴史問題、在日韓国人差別に対して無関心あるいは誤解していた部分もあったと、韓国語を学びながら歴史や日韓両社会についても学ぶ集まりを定期的に持つ者もいた。また、すべてのインタビュー回答者が自身が消費者として明確な主体意識と判断、決定を経ていることを強調した。詳細についてはイ・ヒャンジン（李香鎮）（2008）を参照。

*6　ヘイト・スピーチとレイシズムを乗り越える国際ネットワーク「のりこえねっと」<https://www.norikoenet.org/>　反韓流デモが頻繁に起こることで、身を潜めていた日本の人種差別主義が表面化し暴力性を帯びるようになったのに対抗し、インターネット放送やサイトで、人権蹂躙・差別に対抗する社会運動を繰り広げている。具体的な活動内容は本章の本文にて述べる。

第Ⅱ部　文化・メディアにおける相互表象からの脱却

為は、保守主義者間の政治的連帯にも分裂をもたらし内輪揉めを起こす矛盾した形態へと進んだ[*7]。

　過去10年間日本における韓流の定着過程は、前述したとおり「革命的」な進化を遂げてきた。その過程を「革命的」であるという理由は、差別されてきた周辺国の新生ソフトパワーである韓流が主流社会に属しながらも、多角的にグローバル化するメディア環境において、文化的少数者のサブカルチャーとして定着したという事実にある。そしてさらには韓流受容者たちが嫌韓流デモ以降、目立ちはしないが継続して自身の文化的市民権を守り、人種差別主義に自省を求める役割を持つようになったからである。まさにこの点において、韓流は西洋のヘゲモニーソフトパワーとは異なり、文化的少数者のための抵抗性を同時に追求する二律背反（アンビバレンス）であると筆者は考える。またこの過程を通じて韓流は、政治的保守主義者たちの偏見に対抗する社会集団の結束を高めるコミュニケーション空間になり得ると考える。本章はまさにこの点に注目し、韓流の日本におけるサブカルチャーとしての定着過程を、韓流ソフトパワー論と嫌韓流論、そしてこれら２つの議論の政治性を止揚する「第３の韓流論」として区分し分析しようとするものである。「第３の韓流論」とは現在ジャンルや媒体によって区分されている韓流2.0あるいは韓流3.0より包括的な意味で韓流が持つ社会的意味および役割を分析するためのフレームを提供し得ると考える（Dal Yong Jin & Kyong Yoon 2014）。

　文化運動としての第３の韓流論は、過去10年間韓流が消費主体、ジャンル、手段という側面で重要な変化と拡大を遂げたことと密接な関係を持つ。つまり、日本の韓流は「冬のソナタ」で女性中心のドラマファン、主流社会の世論をリードするメディアによって始まったが、続く第２の韓流ウェーブは女性アイドルグループ「カラ（KARA）」によって再燃した。これは若い世代がリードする、K-POPのファンを中心としたもので、衣類・化粧品などのネットショッピングおよびYouTUBEやSNSのようなニューメディアの仮想現実によって拡大したものである。

第 4 章　ソフトパワーとしての韓流と嫌韓流論、そして韓流食客たち

そしてその次の段階として、キムチやトッポッキなどの韓国料理の消費が急増するなど、韓流は日常の食文化を中心として、家族や友人とともに楽しむ親密性と関係性の文化として定着した。もちろん韓国料理は昔から消費されてきたが、それら韓国料理消費がドラマや音楽のようなメディア文化と共に上昇し日常化したのである。よって本章は、韓流が単に生産国の国益を追求するという消極的な役割にとどまらず、享受者が自国の社会に対し、変化と抵抗の意思を実践することのできる新たな下位文化として定着する過程を批判的に省察しようとするものである。

1　ソフトパワー論とドラマファンダム

　ハリウッド映画、ディズニー、ジブリ、コカコーラ、マクドナルドといったヘゲモニーソフトパワーは行為者（エージェント）の選択というよりもアプリオリに与えられた生活環境である。新生ソフトパワーは、こういった日常生活の一部である主流グローバル文化とは異なり、新市場を開拓し需要を創出しなければならない。馴染みのない消費者に対して他とは異なる魅力をアピールしなければならないのである。アジアの一部で起こる反韓流感情は、こうした韓流が持つ模倣性と雑種性（hybridity）によって、生産者集団が上流から下流に一方的に伝えるものという認識に基づいている（Doobo Shim 2006）。しかしそうであるにもかかわらず、韓流はその地域で依然として、既にヘゲモニー的地位を占めている日本とアメリカの大衆文化に比べると相対的に劣勢である。また、世界的に見ても、日本のように自国より経済規模が大きい受容国の文化産業はもちろん、その社会に既に定着した西洋のソフトパワーとも競争をしなければならない（Shuling Huang 2011、Kaori Hayashi & Eun-

---

　＊7　「橋下徹vs在特会・桜井誠 10/20」<https://www.youtube.com/watch?v=ACRxHAC-tyg>　橋本徹大阪市長と在特会会長桜井誠対談（2015年8月18日参照）。

Jeung Lee 2007)。西洋文化のように惰性的に羨望の対象である国の文化ではないため偏見の対象にもなり得る。そして日本のような人種差別主義的な嫌韓論ではないとしても、主流社会の無関心と闘いながら、持続的な関心を集めるのも困難であるといえる。

　このような中心部と周辺、あるいは西洋と非西洋の区別が、韓流の持つソフトパワーとしての二重的で矛盾する特性を強化している。つまり、韓流はヘゲモニーソフトパワーをベンチマーキングしているが、同時に'underdog'（敗け犬）、弱者文化の抵抗性を生まれながらにして身につけている。近年の北・南米とヨーロッパなどで顕著に増加している韓流ファンの性向と消費形態は、周辺から中心へと逆流する韓流の抵抗的な運動性をよく表している。一般的に韓流ファンは国家間の境界など気にしない。ボーダレスな文化経験を楽しむが、だからと言って高価な海外旅行や海外の高級ブランド品の消費を求めているわけでもない。こういった平凡だが自身が暮らす社会で一般的に手に取ることのできる商品、または主流メディアが提供するコンテンツだけでは、自分のニーズと欲求を満たすことのできない文化的少数者たちがまさに韓国ドラマやK-POPファン、韓国関連商品の消費者なのである。彼らのなかには、無料のオンラインサービスや韓国政府が提供する韓国ドラマやK-POPを享受し、その中には一部だが、他人とは違なる自身の文化アイデンティティーを表現するものもいる。例えば、世界中の中国・アジア系少数民族コミュニティーでの韓国ドラマのレンタルビジネスや衛星放送チャンネル、ユーチューブなどの各種インターネットサイトは、彼ら地域住民に「汎アジア的共感帯（トランス・パン・アジアニズム）」を提供する日常的な娯楽文化として韓流を定着させた。それは、自身が属している社会においても文化的存在感を可視化することで、さまざまな国家や地域に暮らしている文化的少数者に対する主流社会の寛容な姿勢につながると考えることができる（Sang-Yeon Sung 2011、Jung-Sun Park 2011、Eun-Young Jung 2011）。

第4章 ソフトパワーとしての韓流と嫌韓流論、そして韓流食客たち

　もちろん、少数民族を中心に消費される韓流が主流社会に参入することは容易ではない。日本を含む西洋国家のソフトパワーは受容国に対し軍事力も含め、経済的・政治的影響力などの絶対的な後ろ盾があって、より強力になることができる。そして歴史的にも植民支配と侵略戦争、経済的援助などを通じて、長期間にわたり対象国の日常生活に、上から一方的にその影響力を発揮してきた。しかし韓流は、日本を含む多くの社会において、西洋のソフトパワーのようなハードパワーによる支援無しに存在しなければならない。娯楽性と差別性を備えた日常文化、大衆娯楽としての「魅力」が認められなければならないのだ。

　韓流とは大衆文化でありソフトパワーの一形態であるだけで、ともにあることで相乗効果が生まれる外交的優位と羨望の対象である規範秩序という後押しを十分に受けられない場合が多い。したがって韓流がハードパワーや違う形態のソフトパワーの支援無しに「魅力」を発揮しようとするなら、双方向の交流が何より不可欠だ。特に日本と韓国のようなポスト・コロニアル的関係を持つ状況においては、受容国が決定力を持つ可能性が高い。まさに新生ソフトパワーは強大国のヘゲモニーソフトパワーとは発生論的に異なっている（Joseph S. Nye 2004）。

　日本の韓流が、グローバル社会における文化的少数者のための抵抗性を持ち得る理由は、前述した通り、商業文化であるにもかかわらず受容国とのパワー関係において、生産国である韓国が弱者の立場に立つしかないからだ。韓流の始まりは驚くべき爆発的訴求力として注目を集めたが、すぐに嫌韓流論者の露骨な人種差別主義的嘲弄と路上デモへとつながり、この過程で、人種差別主義に対抗する社会的弱者の文化として抵抗性を帯びるようになった。したがって韓国政府の行き過ぎた関心や広報活動、介入は、韓流が持つ受容者中心のダイナミズムにマイナス効果をもたらすと考えられる。この点は韓流ビジネス関係者も指摘している。韓流の非主流である立場こそが主流文化に対抗できる差別性を明確にするという観点からも韓国側の行き過ぎたプロモーションは否定的な影響を与える可能性がある[*8]。

第Ⅱ部　文化・メディアにおける相互表象からの脱却

　日本の韓流は、こうした生産国と享受国のパワー関係が後者によって左右され得る状況で進化してきた。これは非ヘゲモニーソフトパワーがヘゲモニー社会で直面する限界だが、このような限界こそ、その社会のマイノリティー文化として根を下ろすことのできる条件でもある。具体的に述べると、第1に、韓流は支配と優越性の文化ではない。むしろ、ポストコロニアルな不平等な二国関係と旧植民地の低級文化という偏見と闘う周辺的アイデンティティーを持って始まった、絶えず主流社会との境界を崩そうとする抵抗の文化なのである。西洋のソフトパワーが持つ雑種性と戦略を通じて洗練されると同時に、受容者にアジア文化的親近感を与えなければならない。『冬のソナタ』『秋の童話』『ホテリアー』など、初期の代表的な韓流ドラマの共通点はノスタルジックなトレンディードラマでもあった。視聴者は過去と現在が共存する作中の社会やストーリーに親近感を覚えたのである。

　第2に、日本の韓流は、日本国内のさまざまな行為主体（エージェント）による交渉過程を経て進化する。同床異夢の政治交渉と排他的利害関係に影響を受けやすい。まず経済的な側面を見てみよう。韓流が始まったのは90年代後半だが、日本の韓流の始まりは2003〜04年だ。つまり日本は、中国と東南アジアなどで韓流の商業的価値が十分検証されたのちにやっとニッチマーケットを譲ったのだ。多くの研究で韓流が成功した要因として、80年代半ば以降変化した韓国社会に対する認識と距離が縮んだ日韓関係を挙げている。つまりサムスンのグローバルな成功に代表される韓国経済神話に続き、民主化によってもたらされた政治的安定、88年のソウル・オリンピックまで遡るというものだが、実際には2002年のFIFAワールドカップを日本と韓国で共同開催をする時までは、韓国に対する大衆的関心は高くなかった[*9]。つまり、韓流の発生時から数年は日本はただ傍観するのみだったのである。

　さらには、日本の韓流が社会現象と呼ばれ定着することができたのは、政治的にも重要な意味を持つ。「日韓友情の年」であった2005年以降、

第4章　ソフトパワーとしての韓流と嫌韓流論、そして韓流食客たち

韓流スターは決まって日韓の親善大使となった。当時、東アジア共同体構想を提唱した小泉内閣、第一次安倍内閣の韓流外交などは新生ソフトパワーの拡散において生産国より受容国がより決定的な役割を持つことを示す良い例である。日本の政治家にとって韓流スターの真似や韓流ファン表明は、外交面において日本のアジアへの回帰とリーダーシップ追求、そして女性有権者の大衆的支持を得るためのパフォーマンス・ツールでもあった。そのため政治家たちもメディアも韓流の人気を利用し、感性的戦略を繰り広げたのである。その代表的な例が、女優チェ・ジウを自身の執務室に呼び写真を撮ったり、自身もヨン様のようにジュン様と呼ばれたいと言って韓流人気を自身の政治家としての大衆的媒介として利用し宣伝した小泉首相のエピソードである[*10]。そして、エルビス・プレスリーの熱烈なファンであることをアピールし、ブッシュ大統領と親密な大衆文化外交を行ったように、小泉首相は、『シュリ』の撮

[*8] 韓国大手音楽プロダクションJYPエンターテインメントの創業者パク・ジニョンはハーバード大学での講演のなかで、韓流と民族主義を結びつけたり、無理やりパンソリなどの韓国伝統音楽とヒップホップを組み合わせるなどは無理があり、そのような文脈で韓流を語ることをやめるべきだと強調した。「パク・ジニョン　ハーバード大講演――もはや韓流から韓国という名前をとらなければならない時！」（原題：「박진영 하버드 강연 - 이제는 한류에서 한국의 이름을 빼야 할 때!」）〈http://news.naver.com/main/read.nhn?mode=LPOD&mid=tvh&oid=132&aid=0000018522〉（8月18日参照）。

[*9] 金大中大統領は98年から日本文化開放政策を段階的に行ったが、当時それが日本に与えた影響は制限的だといえる。2003年に韓流ドラマが大衆化する前まで、韓国大衆文化は『シュリ』のような商業映画であってもミニシアターで上映される、マイブーム世代のためのものだった。

[*10] 四国新聞社「鼻の下が長くなっちゃう／首相、冬ソナ女優の訪問に」〈http://www.shikoku-np.co.jp/national/culture_entertainment/20040722000399〉2004年7月22日18：53．（2015年8月18日参照）。
　チェ・ジウは、2005年の「日韓共同訪問の年」の韓国代表広報大使だった。そのほか韓国政府農林部は2005年韓国農食品輸出広報大使に「チャングムの誓い」のヤン・ミギョンを、文化観光部は2006～2008年の広報大使にリュ・シウォンを起用した。

影地であったチェジュ島で盧武鉉大統領と会うことで受容国の立場から韓流外交を繰り広げた。また、第一次安倍内閣では彼の"焼肉愛"、妻・昭恵氏が韓流ドラマ・韓流スターのファンで流暢な韓国語を話すという韓流外交が行われた。このように、日本メディアの利潤追求や有権者の支持を得ようとする政治家たちの努力が韓流をより速いスピードで拡散させる社会的要因となった。

　第3に、最も重要な特徴である消費者の行為者（エージェント）としての主体性である。自ら選択・決定・疎通し、ひいては社会的偏見にも堂々と立ち向かう主体意識が求められる文化様式だという点だ。2003～04年の『冬のソナタ』とヨン様の人気は、抑制されてきた外の世界の文化に対する関心が爆発する触媒となった。それまで主流メディアが提供していたのはトラディショナルな家族ドラマやミステリー物であり、女性視聴者向けのドラマやジャンル、番組制作が不足していた。そのため女性視聴者たちは文化行為者として文化産業の死角に放置されていたのだ。そんななか、韓流ドラマは地上波はもちろん衛星放送などさまざまなチャンネルの日中時間帯を埋めるのに適した代替コンテンツとなったのである。夜に集中的に視聴する若年層のためのバラエティー番組や全世代を対象とした大河ドラマとは異なり、韓流ドラマの視聴者たちは日中を家で過ごす時間が多い、あるいは、深夜になってやっと自分の時間を持てる年齢層が多い。したがって、ノスタルジーを呼び起こすトレンディードラマが女性視聴者を、『チャングムの誓い』や『朱蒙』のような時代劇が男性視聴者を引き付け、ひいては多世代、多階層にとって魅力的なコンテンツとなった。この点が最も直接的な成功要因だと考えられる[11]。

2　嫌韓流論とK-POP、そしてニューメディア世代

　結果的に韓流ドラマの爆発的な人気は、受容国の政府やテレビ局・文化産業の立場においても、そして当事者である消費者の立場においても

ウィンウィンの現象だったといえる。また、嫌韓流で人気作家となり＊12、社会的な有名人となった人種差別主義者たちや政治的保守主義者に対しても韓流はコミュニケーション空間を提供した。第一次韓流の主なファンはNHKの朝のドラマの固定視聴者であったり、トレンディードラマの視聴者を中心とする日本大衆文化の忠実なサポーターたちであった。しかし彼らも絶えず変化するグローバルメディア環境に置かれると、当然新しいコンテンツを求め始める。しかし、彼らに合わせたオーダーメイドのコンテンツ製作はコスト面から見ても困難だったため、既にアジアの女性視聴者によって検証済みの韓国ドラマが最適だったのである。したがって、韓流が瞬く間に魅力的なソフトパワーとして日本社会に流入した理由として、日本社会に内在したメディア・コンテンツ需要という吸引要因をまず考慮すべきである。もちろん、韓流がソフトパワーとして韓国社会に寄与した点や韓国社会が持つ決定力を過小評価するわけではない。ここで指摘したいのは、初期韓流の拡散は、韓国政府や生産集団がアグレッシヴに受容者に接近したといっても、日本社会の構造的な吸引力および政策的なイニシアチヴと、文化的人種主義に無頓着で周辺国家の存在自体に無感覚になっていた市民たちの変化そして積極的な介入がなければ不可能だったという点である。

　しかしこのように重層的な利害関係が絡まっている日本の韓流の流入過程が、同時に逆説的には嫌韓流論者に危機意識と被害意識を付与したともいえる（Mark Mclelland 2008、Kenichiro Ito 2013）。嫌韓流論者は韓流ファンだけではなくテレビ局、出版社、政府すべてを敵対視し、彼らは韓流になびき愛国心を忘れてしまったと力説する（安田浩一 2012）＊13。何も知らない純粋な中年女性たちが、利潤追求のテレビ局が提供する韓

＊11　日本の韓流初期のファンダムに関する詳細な研究は、イ・ヒャンジン（李香鎮）14-46頁。

＊12　「asahi.com BOOKランキング Amazon.co.jp（和書総合、2005年8月15日〜8月21日）」〈http://book.asahi.com/ranking/TKY200508260242.html〉（2015年8月29日参照）。

国ドラマを一日中見ることによって、自らの歴史意識や社会的判断もないまま日本社会を危機に追いやっていると叫び、彼女たちに目を覚ませと愛国心に訴える。ひいては嫌韓流論者は自分たちが被害者だと主張し、韓流ファンはもちろん、政府、テレビ局、出版社までをも攻撃する。しかし、小林よしのり氏、『マンガ嫌韓流』を出版した晋遊舎、俳優高岡蒼甫のフジテレビ前反韓流デモ、そして嫌韓流論自体が人々の注目を集めたのも『冬のソナタ』の影響力がその前提にあったからだといえるだろう（Rumi Sakamoto & Matthe Allen 2007）。

「やめてください、韓流オバサン！」嫌韓流論者たちが敵対視している社会集団のなかでも、彼らが最も直接的にダメージを与えたのが、韓流関連商品や旅行を消費し、日本メディアはもちろん外国メディアの注目までをも集めた日本の中年女性であった（北原みのり・朴順梨 2014）。韓流が日本社会に少なからぬ影響と変化をもたらし、社会現象として注目を集めた理由は、韓流の消費主体が「中年女性」であり、彼女らの経済力がそのまま消費規模であり、何よりも日常的に可視化されたいわば"通俗的"（ローブロウ）な社会行為だったからでもある。これまでの日本の代表的なサブカルチャーが経済的に疎外された階層や世代、あるいはきわめて私的な空間で成立してきたのに比べ、韓流を日本の下位文化（ローカルチャー）として定着させたのは、ほかでもなくNHKと代表的な地上波メディアだった。『冬のソナタ』は2年間に何度も再放送され、日本の番組・メディアに韓流スターが集中的に登場し、衛星放送の朝、昼の時間帯は相対的に低価格な韓国ドラマで埋められることとなった。

「とっとと半島に帰れ」「石を投げつけ、朝鮮人の女はレイプしてもいい」*14。　国際関係が悪化するととたんに登場する人種差別的路上ヘイト・スピーチは特段新しいものではない。しかし、平凡な市民を対象に、特定の少数民族に関する人種主義的路上デモが都市のど真ん中で定期的に繰り広げられ、そしてそのデモ隊の安全を警察が守り、彼らを擁護する人種差別主義的報道および知識人たちの国際関係論が出版業界のベストセラーになる社会は珍しいだろう。このような現状に韓流おばさんた

ちはとうとう「韓流コスプレ」——韓流ドラマやスターの写真、またはグッズを身に着けてファン心理を共有するのをやめてしまった。「韓流コスプレ」をクローゼットの奥にしまいこんでしまったのである。反対に匿名のネット上で活動してきた嫌韓流論者たちがリアル社会へ、路上デモという形でその姿を現したのだ。

しかしながら、大人たちがこうして深刻に悩んでいるとき、クールな若者世代は異なる方法で韓流を楽しんでいた。彼らは『冬のソナタ』を見ていた世代の子どもたちだ。「冬のソナタの子ども世代」は韓流を、より私的により速いスピードで楽しむ。新曲を聴くのもドラマを楽しむのも韓国と時差が無い。彼らの主な関心は話数が膨大で視聴に集中力を要するドラマではなくK-POPだ。ネット上で自ら化粧品や服を買い、週末にはリーズナブルな韓国旅行に旅立ったりもする。彼らはニューメディア世代の文化、移動性の文化を最大限に享受している。

カラや少女時代などのアイドルグループを押し出すK-POPが主導する新韓流、あるいは韓流2.0がニューメディアの仮想空間にその活動場所を移し、若者たちの間に新しいウェーブを起こすなか、嫌韓流論者たちは2011年のフジテレビ前デモを皮切りに一足遅れてリアル社会に現れた。しかし多くのドラマファンはすでに反韓流デモが問題視した地上波放送ではなく、インターネットのような私的なチャネル、文化空間に移動していた。豊かな経済力を持つバブル世代のオバサンたちはK-POPコンサートのチケットを家族みんなで購入し、息子・娘・孫たちと一緒に新韓流を楽しむ。嫌韓流論者たちは彼女たちの背に向かって暴言を吐き続けているのである。この点から見ると、嫌韓流デモは韓流ファンに向けられたというより、一般市民と日本のメディアに自分たちの

＊13 「2013.5.26 日韓国交断絶国民大行進」〈https://www.youtube.com/watch?v=w5GpknduDAI〉（2015年8月18日参照）実際YouTubeにはさまざまなヘイト・スピーチの動画がアップされており、国際的な波紋を呼んでいる。

＊14 「2013.3.24 日韓断交デモin大阪 2-3」〈https://www.youtube.com/watch?v=e7Dbq8gX-J8〉（2015年8月18日参照）。

存在を知らしめようとする政治的意図があるといえる。

　こうした時代錯誤的な日本の反韓流感情が持つ根本的限界は、中国や台湾の「抗韓流」とは異なり、それが「嫌韓流」、つまり対抗ではなく嫌悪感からくる人種差別主義と愛国心を混同しているところにある。また、それは旧時代的な男性主義的性文化の規範を踏襲している。その代表的な例が「花時計」という組織の愛国女性たちの韓流オバサンに対する恨みのこもった非難である＊15。新大久保にあるコーヒープリンス1号店やとんちゃんといったドラマに出てくるような美男子が接客する韓流飲食店やカフェでサムギョプサル、コーヒーを楽しむ女性や韓国式美容室やサウナに通う女性を、愛国心を失った不道徳な日本人だと非難する。そして彼女たちの性的衝動を刺激する新大久保の韓国人、または在日韓国人は、花時計の愛国婦人たちにとっていち早く追放すべき対象となる。愛国女性の目には、新大久保は偽善的な男性主義的性規範に反発する女性たちの不法な解放区と映り、まさに闘いの場なのである。秋葉原に行きAKB48の公演を見て悦に入る日本人男性には寛容であっても、韓流男子の接客を楽しもうと新大久保に集まる女性たちは到底許すことができない存在なのである。韓流オバサンにむかって「目を覚まして家に帰り国のために育児に専念しろ」という道徳を叫ぶ。彼女らの性差別的立場は、2000年代初めに起こったヨン様ブームに対し、することもなく時間をもてあます主婦やセックスレスの結婚生活に対する中年女性たちの不満のはけ口だと皮肉った主流マスコミの男性コメンテーターや外信記者と一脈相通ずる。

　岩渕功一や板垣竜太をはじめとする多くの学者たちが、嫌韓流論のイデオロギー的虚構性、論理的盲点、政治的保守性に対して批判論を唱えた（岩渕功一 2004、板垣竜太 2007）。在日韓国人と北朝鮮に対する極端な排斥も、韓流人気によってむしろ深刻化している点を警告している。しかし、こういった批判的な視角など気にも留めず人種差別主義者たちは、韓流関連の出版業界でベストセラーを牛耳り、主流メディアによる自身の被害者的立場を強調しつつ、日韓の過去にその根源を置く嫌韓論

を時流に乗せ「嫌韓流論」へとその姿を変えさせた。そしてオタクやインターネットで匿名で活動していた嫌韓論者たちの定期的なデモは、韓流ファンダムをかつて植民地だった劣等国家の低級文化に溺れるものだと見なし、韓流ファンを文化的少数者として再び周辺化（re-marginalization）させた。毎週末デモ隊が現れ、拡声器からは売国奴と罵倒する声が聞こえ、デモ隊の10倍を超える警察が包囲する聖地新大久保からは、韓流ファンはもちろん一般消費者の足も遠のき、飲食店やその他販売店は収入が半減もしくは3分の1になるに至った[*16]。そして店のオーナーである在日韓国人たちは嫌韓論者からの脅迫電話に悩まされることとなった。2006年に筆者がインタビューしたペ・ヨンジュンのファンにもこのような圧力が及んだ。2012年のインタビュー回答者の中には、自身が日韓の歴史問題や独島（竹島）といった政治問題に無知なゆえ社会的に迷惑をかけていて申し訳ないと答えた者もいた。彼女たちはもはや韓流コスプレや韓流スターの写真が入ったファイルやキーホルダーなどで自身の文化的アイデンティティーを表明しない。目立つことのない「クローゼットの中」のファン、あるいはわずか数年の「楽しかった時間」を回想する過去のファンと化していた。

3　韓流食客と社会的マイノリティーのための文化連帯、新しい韓流談論

　中国、台湾、香港、東南アジアでは、1990年代後半『愛が何だ』『星に願いを』などのドラマやH.O.TやNRG、Clonなどのダンス音楽から既に韓流が始まっており、2002年には既にその根をおろしていた。つまり日本は、2002年映画『シュリ』公開や歌手BoAのデビューがあっ

[*15]　北原みのり（2013）。

[*16]　筆者は2012年10月11日に新大久保での韓国料理飲食店を運営する在日韓国人および周辺の販売店へのインタビュー調査を行った。また、新宿区新聞「「韓流ブーム」は縮み……「中国特需」は消えた！」2012年10月25日付（1）〈http://www.shinjuku-shinbun.co.jp/images/2012/121025.pdf〉（2015年8月29日参照）。

たにもかかわらず、韓流の生成期を他のアジア国家と同時には経験しなかった。そして日本は、自国のドラマの制作費に比べ遥かに安く、既に中国や台湾で視聴率の高かったドラマを集中的に購入し放送した。主流テレビ局は韓流ドラマを先買いし、日本ドラマの劇場版のようにシナリオ制作段階から日本の投資会社が介入した「韓流」映画を急造するほど、無分別に投資・配給し、韓流の地図を完全に変えてしまった。実際に日本は、2012年まで世界最大の韓流マーケットであった。翌年にはその座を中国に譲ったが、韓流がグローバルな文化現象として知られるようになったのは、こうした日本での爆発的な消費のお蔭だったのである。したがってこういった爆発的流入により、リビングのテレビ画面に一日中、無関心や偏見の対象だった国のドラマやアイドルたちが登場することに視聴者は慣れ、高い制作費削減の一環として「安い」韓流ドラマが大量に輸入されている状況に芸能界の一部が危機意識を抱いたのも十分理解できる[*17]。

　反面、韓流に対し肯定的な評価を下す人たちは、遅れたものの、韓流によって疎外されてきた中年女性視聴者向けの新しいコンテンツが提供され、『冬のソナタ』とヨン様の爆発的な人気のように、日本社会においてグローバル文化が必ずしも西洋に由来するものではなくアジア的なものでもあり得ることが証明されたと強調する。また、より開放的で多様な文化交流の必要性と重要性を力説する。初期韓流ドラマファンたちはベトナム、フィリピン、タイ、モンゴルなどアジア各地、カナダやアメリカ、南米にも自分たちのように韓流ドラマを日常的に楽しみ、韓流スターの動向を追っかけるという類似した文化欲求を持つ人びとがいることを知り、国境を越えた交流を始めた。即席のファンミーティングをし、コミュニケーションするために英語、韓国語など外国語を学び、ドラマを通じて伝わってくる外の世界の話を吸収する。こうして周辺化されたアジア女性たちは自身の人生について関心を抱くようになった。つまり、韓流ファンダムは日本を越え、アジアというトランスナショナルな文化共感帯として拡大し、受容者はこれを通じて自身の文化的アイデ

ンティティーを確認するという過程を継続することとなったのだ。また、少数民族集団や移住労働者、性的少数者など多様な形態のマイノリティーに対する関心につながる場合も少なくなかった[*18]。まさにこの点において日本の韓流は社会運動としての性格を持ち得ると筆者は考える。

　韓流ドラマが地上波放送などの固定のチャンネルで放送されないことや、K-POPアイドルが紅白歌合戦に出場できないことを嘆く民族主義的韓流論や経済効果を論じる韓国の主流マスコミは、日本社会においてさまざまな社会集団の間でコミュニケーションを生み出す韓流の文化的ダイナミズムを看過している。日本は依然として中国とともに韓流消費を先導する国だ。しかし、日本における韓流のより重要な要素は日本社会の内部にある。「日式韓流」という表現のように、日本での韓流はアジア的身近さ（itimacy）と西洋志向の文化的憧れ（longing）が二律背反的に混在する受容者に合わせ地域化（localizing）し続けている[*19]。このような地域化過程を通じて日本の韓流は、いわゆる西洋志向の先進国で、非西洋社会の新生ソフトパワーが直面する人種差別主義を最も劇的に露呈した。そしてヘゲモニーではないレジスタンスの文化として、人種差別主義者たちが攻撃している在日韓国人の「少数民族文化」と平凡な日本市民が享受する「非西洋異文化」の境界を崩し続けている。

　このような考察を最も視覚的に確認できるのが日本全国に加盟店を持つファミリーレストランや居酒屋のメニューだろう。多くの平凡な人々は嫌韓論者たちのバイブルであるマンガ嫌韓流のような書籍や2ちゃん

---

*17　朝日新聞デジタル「領土問題、「反韓流」……日韓関係のこれから」2011年8月9日付〈http://webronza.asahi.com/politics/themes/2911080800002.html〉（2015年8月29日参照）。

*18　ヘイト・スピーチとレイシズムを乗り越える国際ネットワークのりこえねっと「ネットワーク」〈https://www.norikoenet.org/network〉（2015年8月29日参照）日韓の性的少数者の人権擁護活動を推進している〈のりこえねっと紫の風〉、鳥取県内の有志による人種差別主義に対峙し、同時に叩かれている人に寄り添うことを目標とする〈のりこえねっと・吾等〉などがある。

*19　毛利嘉孝編（2004）。

第Ⅱ部　文化・メディアにおける相互表象からの脱却

ねるのようなインターネットサイトを見ない。また同時にテレビやパソコンの前で毎日のように韓流ドラマやK-POPを見たり韓国語教室を探したりソウルを旅するコアファンでもない。日韓の政治的な論争とも一定の距離を置き、浅く広く韓流を楽しみながらトッポッキ、サムギョプサルを求める「韓流食客」なのだ。そして彼らの行動こそ、日本の右翼社会集団の反韓流デモ、それらに反対しカウンターデモを行う社会集団そのどちらでもない新しい文化運動として「第3韓流論」が可能なのだ。もはやビビンパやチゲは多くの飲食店の定番メニューであり、キムチは漬物マーケットで存在感を増し、キムチ炒めご飯は学校給食で人気のメニューとなっている[*20]。

　彼らが特別親韓派であるとか社会運動に興味があるというわけではない。しかし、長く日本社会に深く根を下ろしていた人種差別主義的アジア観や韓国社会観に一定の変化をもたらしたと考えられる。その代表的な例が、反韓流デモが行われている新大久保で今も女性たちが開く「焼き肉女子会」である。大学生、会社員、主婦の別なく彼女たちは昼からサムギョプサル、焼酎、マッコリ、生にんにくを楽しみ、日本の酒文化における性差別的規範を軽々と越えてしまう[*21]。さまざまなオンラインサイトで、女子のための焼肉デートマナーやムード盛り上げ術が紹介されており、バブル世代にとって男女の「深い仲」を意味した「焼肉デート」とは異なる。つまり、和解と緊張を行き交う日本の韓流のなかで変わることなく続いているものこそ、政治的キャンペーンやマスメディアの干渉を受けない個人・社会集団による飲食文化を通したコミュニケーション空間なのである。韓国ドラマが人気のピークを迎えた時期から多くの日本人が抱いた疑問、つまり「なぜ韓国ドラマでは食事のシーンが多いのか」という問いに対し、今や日本の韓流が自らその答えを探しているといえるだろう。

　ひいては人種差別主義者たちの反韓流デモに対し抵抗のメッセージを送り、反韓流デモをきっかけに在日韓国人問題だけでなく、多様な社会的マイノリティーに対する偏見を克服しようとする社会運動の拡散を第

3の韓流論には期待できる。2013年8月に上野千鶴子、佐高信をはじめとする進歩的知識人、社会運動家たちが結成した「のりこえねっと」という団体の発表によれば、2013年3月から8月までで161件のヘイト・スピーチデモが行われたという[*22]。舞台は東京新大久保と大阪鶴橋である。「のりこえねっと」の主な活動はヘイト・スピーチが持つ危険性を社会的に知らせることである。もちろん在日韓国人排斥や嫌韓流論に対する鋭い批判もするが、次第に極端化する人種差別主義にこれ以上黙っていられないというのが結成理由であり目的である。インターネットサイトやテレビなどで批判的な知識人はもちろん一般市民の文化的連帯を訴えることで、在特会や右翼団体、人種差別主義者などの所謂「極端な民族主義・拝外主義的主張に基づき活躍する右翼派系市民グループ」からの攻撃を受けることもある。また、フェミニズムの立場から、韓流ドラマに登場する独立的で強い母親像を中心とした女性像を紹介するNPO法人ウィメンズアクションネットワーク（WAN）も良い例だと

[*20] すき家「すき家の「鍋焼ビビンバ定食」新発売‼」〈http://www.sukiya.jp/news/2015/03/20150326.html〉（2015年8月29日参照）、東洋経済オンライン「"甘い"キムチで大躍進、革命児ピックルスの野望」〈http://toyokeizai.net/articles/-/8533〉2012年2月9日（2015年8月29日参照）、杉並区「給食食材公開システム　高井戸東小学校の給食」〈http://www.suginami-school.ed.jp/kyushoku/View.do;jsessionid=94816D2F13D4926F6F84E308D01D91E7?school=142942&ymd=2015%2F05%2F25〉（2015年8月29日参照）。

[*21] 焼肉や焼肉デートに対する認識の変化は、伊丹十三の『タンポポ』（1985）とグ・スーヨンの『The焼肉ムービー プルコギ』（2007）において確認できる。前者では、焼肉デートを契機に女主人公と男主人公が男女関係になったことを暗喩しており、後者では焼肉デートをオシャレでありながら在日韓国人のアイデンティティーとノスタルジー的感性を持つものとして描いている。

[*22] 行動保守アーカイブプロジェクト「統計資料」〈http://www.acap.link/〉、朝日新聞「ヘイト・スピーチ街宣、地方でも　全国で半年に161件」2013年11月6日、行動保守アーカイブプロジェクト〈http://www.acap.link/〉、『20131113のりこえねっとＴＶ「拡散するヘイト・スピーチ」中沢けい』〈https://www.youtube.com/watch?v=qyyWq-3X5LE〉（2015年8月18日参照）。

いえる。このように日本の韓流は、新生ソフトパワーとして2つの社会にウィンウィンの関係をもたらすものとして始まり、嫌韓流論に反韓流デモ、それに対抗するカウンターデモや抵抗議論の生産を通して、韓国のみならず受容国の多様な社会集団が時に非常な脅威となり対立する姿を示した。しかしその衝突が露呈する過程を通し、今まで日本社会を主導してきた民族差別主義・西洋志向的文化消費を反省し、さまざまな種類の社会的マイノリティーに対する関心を起こさせる第3の韓流論へ発展したのである。

おわりに

本章は過去10年間における日本での韓流進化過程を、非ヘゲモニーソフトパワーが持つグローバルマイノリティー文化の抵抗力とネゴシエーションパワー（交渉力）の概念に基づいて考察したものである。トランスナショナル・アジア文化として韓流は、韓国あるいは日本という一方的な（one way）視角、または政府や生産集団、一部のファンに対する集中的（インテンシヴ）な議論ではなく、双方向の（interactive）文化交流であると認めることが最も重要である。今まで数多くの韓流研究がなされてきたが、いまだに韓流を韓国政府や文化産業の国家ブランドとして持ち上げる韓国メディアや、反対に10年余りの間、旧態依然とした方法で「韓流はサムスンのグローバル戦略をなぞっているだけ」と主張する日本の論客の皮肉めいた議論あるいは「サムスンコンプレックス」は、常に韓流が持つ双方向の文化交流の重要性を見過ごしている。

　また、ここ数年の暴力的な反韓流デモは、2015年に入り、しばし停滞し息をひそめている。その間に日韓社会は、韓流外交による未来指向と和解ムードを捨て、再び終わりの見えない対立の時代へと向かっている。こういった政治が展開され、一部の学者と主流メディアは懲りずに韓流の現在と未来を、過去の論理つまり嫌韓論の淵源ともいえる植民地支配と領土紛争の歴史的対立に引き戻し、あるいは還元し、悪化と改善

を繰り返す日韓関係の歴史のなかだけで見ようとしている[*23]。しかしこういった文化に対する政治・経済決定論的立場は、10年余りの間さまざまな姿へ発展・進化してきた日本の韓流が持つ重要性、つまり多様な価値観を持つ社会集団の間でコミュニケーション手段として形成されたという意味が理解されていないと考える。本章は一方的で排他的な立場とは距離を置き、過去10年間で日本の韓流が見せた進化過程が、複数の主体による日韓双方向の文化交流の結果であることを考察している。さらに、韓流が政治家と文化産業関係者はもちろんファンたちを含めた一般市民間のコミュニケーションを通して持続的に深みを増し、新たな問題意識を提起してきたことを、韓流−嫌韓流−韓流食客の三段階、あるいは新しい受容者集団の登場とコミュニケーション過程を中心に考察した。

　韓流は西洋のヘゲモニーソフトパワーの真似をしながらも、周辺部に位置するマイノリティー文化が持つ抵抗性も同時に志向する。この二律背反性は、生産集団と受容者間の双方向の交流、または受容国内でのさまざまな利害集団間の対話を生み出した。生産者集団ではなく、受容国のパワー集団が時にイニシアチブをとるグローバル文化・トランスナショナル文化が受容過程でどのようにそのダイナミズムを発揮するのかを日本の韓流は示す。そして、前述したように、日本における韓流の革命的変化とは、10年余りという短期間に、排除され差別されてきたマイノリティー民族集団、または周辺国家の食文化が、日本の一般家庭や学校給食、全国の居酒屋やコンビニにまで浸透し、日常生活の一部となったことで顕著に可視化されるようになったことである。また、こうした韓流によってグローバル文化に対する日本社会の認識に変化がもたらされたことは、他国にも示唆するところが大きいと考えられる。グローバ

[*23] 韓国ＭＢＮ放送『成功ドキュメンタリー「最高だ」192回——光復70周年特集　国際協力の韓流を耕す』2015年8月15日放送（原題：성공다큐 최고다 192회 -〈광복 70주년 특집〉국제협력의 한류를 일구다）。

ル化の進行により外国人移住労働者が増えている今日、日本における韓流をめぐる現象が示すのは、日韓関係やアジアに限らない。過去に植民地支配と被支配の関係にあり、植民地出身者が自国社会のマイノリティー集団となった歴史的経験をもつ社会は、ヘイト・スピーチほど露骨ではなくとも、常に人種差別主義的文化論に直面する可能性がある。日本における韓流の進化過程は、そういった人種差別主義的文化論がどのように目に見えない暴力をふるい、それに対抗する言論を喚起し、抗争を繰り広げるのかを示しているのである。

引用・参考文献
イ・ヒャンジン（李香鎮）、2008、『韓流の社会学——ファンダム、家族、異文化交流』岩波書店。
板垣竜太、2007、「〈嫌韓流〉の解剖学：現代日本における人種主義-国民主義の構造」『「韓流」のうち外——韓国文化力と東アジアの融合反応』御茶の水書房。
岩渕功一、2004、「韓流が「在日韓国人」と出会ったとき——トランスナショナル・メディア交通とローカル文化政治の交錯」毛利嘉孝編『日式韓流——〈冬のソナタ〉と日韓大衆文化の現在』せりか書房。
北原みのり、2013、『さよなら、韓流』河出書房新社。
北原みのり・朴順梨、2014、『奥さまは愛国』河出書房新社。
毛利嘉孝編、2004、『日式韓流——『冬のソナタ』と日韓大衆文化の現在』せりか書房。
毛利嘉孝、2004、「日本における韓国ドラマ『冬のソナタ』と能動的ファンの文化実践」毛利嘉孝編『日式韓流——『冬のソナタ』と日韓大衆文化の現在』せりか書房。
安田浩一、2012、『ネットと愛国　在特会の「闇」を追いかけて』講談社。
山野車輪、2005、『マンガ嫌韓流』晋遊舎。
吉見俊哉、2002、『冷戦体制とアメリカの消費、冷戦体制と資本の消費』岩波書店。
ファン・ソンビン、2011、「특집논문：전후 일본인의 한국인식：한류와 반한류의 교차——日本人のアイデンティティーと韓國認識」『日本学』（東国大学校日本学研究所）33、133-167。

韓国語文献
신현준、2006、「K-POP의 문화정치（학）월경하는 대중음악에 관한 하나의 사례연

구」『언론과 사회』13권 3호、7-36。(シン・ヒョンジュン、2006、「K-POPの文化装置（学）越境する大衆音楽に関するひとつの事例研究」『言論と社会』13巻3号、7-36)

김현미、2003、「일본 대중문화의 소비와 '팬덤'의 형성」『한국문화인류학』36（1）、149-186。(キム・ヒョンミ、2003、「日本大衆文化の消費と「ファンダム」形成」『韓国文化人類学』36 (1)、149-186)

모리 요시타가、2004、「'겨울연가'와 능동적 팬의 문화실천」『한국국립영상원 자료집』。(毛利嘉孝、2004、「『冬のソナタ』と能動的ファンの文化実践」『韓国国立映像資料院　資料集』)

황성빈、2014、「넷우익과 반한류, 배외주의 여론, 주요언론의 담론」、『일본비평』10호、124-163。(ファン・ソンビン、2014、「ネット右翼と反韓流、排外主義世論、主要言論の談論」『日本批評』10号、124-163)

한영균、2013、「일본 내 '혐한류' 현상의 실체」『일본문화연구』제 48 집、433-456。(ハン・ヨンギュン、2013、「日本における『嫌韓流』現象」『日本文化研究』48、433-456)

백원담、2005、『동아시아의 문화선택』펜타그램。(ペク・ウォンダム、2005、『東アジアの文化選択』ペンタグラム)

이동연、2006、『아시아문화연구를 상상하기』그린비。(イ・ドンヨン、2006、『アジア文化研究を想像する』グリーンビー)

英語文献

Fackler, Martin, 2013, "Japanese Court Fines Rightist Group over Protests at a School in Kyoto", *The New York Times*, 7 October A10 (L).

Hayashi, Kaori and Lee, Eun-Jeung, 2007, "The potential of fandom and the limits of soft power: Media representations on the popularity of a Korean melodrama in Japan", *Social Science Japan Journal*, 10 (2) November, 197-216.

Hayashi, Yuka, 2013, "Anti-Korean Voices Glow in Japan: Small but Venomous Rallies Become More Frequent, Prompt Soul-Searching over Hate Speech", *Wall Street Journal Speech*, 6 May.

Huang, Shling, 2011, "Nation-branding and transnational consumption: Japan-mania and the Korean wave in Taiwan", *Media, Culture & Society*, 33 (1), 3-18.

Huang, Xiaowei, 2009, "'Korean Wave' - The Popular Culture, Comes as Both Cultural and Economic Imperialism in the East Asia", *Asian Social Science*, 5 (8), 123-130.

Harlan, Chico, 2013, "In Tokyo's Koreatown, a window on a new regional rift", *The Washington Post*, November 29.

Howard, Keith, 2014, "Why Don't K-POP Fans Like 'Gangman Style'?", unpublished

conference paper.
Ito, Kenichiro, 2014, "Anti-Korean Sentiment and Hate Speech in the Current Japan: A report from the street", *Procedia Environmental Sciences* 20, 434-443.
Jang, Gunjoo & Paik, Won K, 2012, "Korean Wave as tool for Korea's New Cultural Diplomacy", *Scientific Research* 2（3）, 196-202.
Jin, Dal Yong and Yoon, Kyong, 2014, "The Social mediascape of transnational Korean pop culture: Hallyu 2.0 as spreadable media", *New Media & Society*, 1-16.
Kim Youna ed., 2013, *The Korean Wave: Korean Media Go Global*, London and New York: Routledge.
Lee, Claire Seungeun and Kuwahara, Yasue, 2014, "'Kangnam Style' as a format: a localized Korean song meets global audience", Kuwahara Yasue ed. *The Korean Wave: Korean Popular Culture in Global Context*, New York: Palgrave Macmillan, 102-116.
Lehney, David, 2006, "A Narrow Place to Cross Swords: Soft Power and the Politics of Japanese Popular Culture in East Asia", Peter J. Katzenstein and Takashi Shiraishi eds. *Beyond Japan: The Dynamics of East Asian Regionalism*, Ithaca, NY: Cornell University Press, 211-233.
McLelland, Mark, 2008, "'Race' on the Japanese internet: discussing Korea and Koreans on '2-chaneru'", *New Media & Society* 10（6）, 811-829.
Nye, Joseph S, 2004, *Soft Power: The Means to Success in World Politics*. New York: Public Affairs.
Ono, Kent A and Kwon Jung-min, 2013, "Re-worlding culture?: Youtube as a K-POP interlocutor", Kim Youna ed. *The Korean Wave: Korean Media Go Global*, London and New York: Routledge, 199-214.
Park, Jung-sun, 2013, "Negotiating identity and power in transnational cultural consumption: Korean American youths and the Korean Wave", Kim Youna ed. *The Korean Wave: Korean Media Go Global*, London and New York: Routledge, 120-134.
Sung, Sang-yeon, 2013, "Digitization and online culture of the Korean Wave: 'East Asian' virtual community in Europe", Kim Youna ed. *The Korean Wave: Korean Media Go Global*, London and New York: Routledge, 135-147.
Sakamoto, Rumi & Allen Matthew, 2007, "Hating 'The Korean Wave' comic books: a sign of new nationalism in Japan?", *The Asia-Pacific Journal: Japan Focus*, October（University of Wollongong Research Online）.
Shim, Doobo, 2006, "Hybridity and the rise of Korean popular culture in Asia", *Media, Culture & Society* 28（1）, 25-44.

Snow, Nancy, 2013, "Japan's Hate Speech Problem: After Abe-empowering Election", *Huff Post World*, July 23.

Yoshimi, Shunya, 2003, "'America' as desire and violence: Americanization in postwar Japan and Asia during the cold war", *Inter-Asia Cultural Studies*, 4 (3), December, 433-450.

Yoshimi, Shunya, 1999, " 'Made in Japan': The cultural politics of 'home electrification' in postwar Japan", *Media, Culture & Society*, 21 (2), 149-171.

第5章
謝罪する日本（日本人）の表象

黄 盛彬(ファンソンビン)

はじめに

　日韓間の歴史認識をめぐる議論においては、以下のような常套句めいたものがある。
　「口先ばかりでの謝罪で、真の謝罪は行われていない。右翼政治家の『妄言』が絶えないのがその証拠である」
　「すでに謝罪済みである。何度、謝罪をすれば気が済むのか。歴史認識を外交カードにし、政権が代わるたびに補償を要求し、経済支援などの見返りを要求してきたのではないか」
　戦後の歴史のなかで、韓国を訪れ「謝罪」を表明する日本人は、政治家だけではなく、民間の各方面、各層からも少なくない。その度に、韓国では、日本の「良心的な人士」による「謝罪」の表明として、大きく報道されてきたが、日本のメディアでは、そのような出来事はほとんど報道されてこなかった。要するに、「謝罪する日本人」は、韓国ではニュースになってきたものの、日本ではそうではなかったのである。日本では「謝罪を要求する韓国人」がニュースになってきた。また、その表象の仕方にも、重要な違いがあった。
　本章では、戦後の日韓の歴史のなかで、いくつかの重要な「謝罪」の場面を事例として、どのように表象されてきたか、その含意は何であったのかを論証していく。両国の代表的な新聞である朝鮮日報、東亜日報（以上、韓国）、朝日新聞、読売新聞（以上、日本）に限定して、分析を行

った。近年、韓国では、民主化後の与野党の政権交代のなかで、新聞の政治的な布置関係がよりはっきりするようになり、例えば、朝鮮、東亜、そして中央日報は、「朝中東」と呼ばれ、保守新聞として認識される傾向があり、それに対するハンギョレ新聞などが進歩（日本でいうと、革新、またはリベラル）側を代弁するような、政治世論をめぐる対立が続いてきた。しかし、日韓問題、あるいは日韓の歴史認識をめぐる問題においては、保守勢力とリベラル勢力の間には、根本的な視点の差は見られないと推定し、発行部数の多い新聞を2紙選んだ。一方、日本では、同じく発行部数の多い新聞を2紙選んだが、その朝日新聞と読売新聞は、リベラルと保守をそれぞれ代表する新聞といってよいであろう。さらに、注目すべきは、戦後日本、とりわけ近年においては、日本政治における「右と左」を区別する、言い換えれば、右と左が最も鮮明に対立する局面が、歴史認識をめぐってであったことを勘案すれば、リベラル側の朝日新聞と保守側の読売新聞の間の違いに注目することは有意義であろう。また、分析対象の記事は、それぞれの新聞のデーターベースを利用したが、「日本」「日本人」「謝罪」「韓国」「訪問」などの関連キーワードをそれぞれ組み替えながら、記事を抽出した。そのようにして抽出された記事はまた膨大な量となるため、記事のタイトルなどから判断して、記事を集めた。

1　1965年国交正常化と「謝罪する日本（人）」
　　──韓国・朝鮮日報と東亜日報

　まず、韓国の新聞では、1965年以前には「謝罪する日本」も「日本人」も登場していない。朝鮮日報と東亜日報の記事データーベースで、「日本」「謝罪」「反省」というキーワード検索からは、そのような言葉を含む記事は見つからないことがわかった。朝鮮日報と東亜日報、いずれも1965年になって初めて、「謝罪」が注目されるのである。朝鮮日報の場合、「日本」と「謝罪」を含む記事は、意外にも、産経新聞の記事の引用だった。

第Ⅱ部　文化・メディアにおける相互表象からの脱却

　　　日本のある新聞は10日、韓国と日本に苦い歴史的な怨恨を忘れ、
　　今年には外交関係を正常化せよと主張した。日本の産経新聞は「わ
　　れわれは韓日両国間の歴史的な関係の重大性を受け入れなければな
　　らない。また、韓国民の根深い反日感情は14年間の会談を解決す
　　るのに障害になってきた。われわれは日本人たちが韓国人たちに対
　　し、深い謝過の感情を持たなければならないと信じる。しかし、韓
　　国人たちもあまりにも過去に縛られていてはならない」と論評した。
　　（『朝鮮日報』1965年1月12日）

　この記事では、日本人が韓国人に対し、深い謝罪の気持ちを持たなけ
ればならないとしているものの、会談の解決に障害となってきたのは、
「韓国側の反日感情」であり、過去に縛られてはならないと、自分たち
を戒めるような内容の主張となっている。この記事を一面に掲載したこ
とから、朝鮮日報は、国交正常化に向けて前向きな姿勢を持っているこ
とが窺えよう。
　この日の紙面は、他の記事にも朝鮮日報が捉える当時の情勢をよく表
していた。産経新聞の論評の記事のすぐ上には、「韓日会談、最終対策
樹立、政府、抗日闘士を顧問に」というタイトルの記事が掲載されてい
た。記事によれば、「（韓国）外務部は、11日、来る18日から再開され
る韓日会談に臨む政府の各分科委員会別の交渉案を最終的にまとめ上げ
た。会談関係の高官消息通は、しかし、昨年末に休会した際の交渉案と
根本的な違いはないとした。代表団改編問題は、「過去の抗日闘士」2、
3人を首席代表に対する「顧問団」として編成するため、李甲成氏など
と交渉が進行中であるとし、実務団には改編はないだろうと語った」と
伝えている。この日のヘッドラインは、ベトナム派兵をめぐる議論であ
った。一面右上のボックスコラムは、梁好民ソウル大学教授の「反共の
基本姿勢」というタイトルのものであった。そのほかにも、「米日首脳
会談」についての記事もあり、佐藤栄作首相がジョンソン米大統領と会

第5章　謝罪する日本（日本人）の表象

談するため、11日にワシントンに向かって出発した、というストレート記事も掲載されていた。1965年は軍事クーデタで権力を握った「革命政府」が秘密交渉を続けてもまだ膠着状態にあった交渉がいよいよ妥結される年であった。その年の1月に、右翼・保守新聞の産経新聞の主張を、朝鮮日報が注目し、一面に載せるという判断は、交渉妥結へのムード作りが両国双方にあったからであろう。

　国交正常化は、1965年6月22日に、「日本国と大韓民国との間の基本関係に関する条約」の締結をもって行われるが、この条約の際にも、日本側から「深い謝過の感情」が表明されることはなかった。むしろ、交渉過程では、1953年10月15日、当時の久保田首席代表による「久保田発言」（「日韓併合は韓国に恩恵を与えた」）、そして、締結直前である1965年1月7日にも、高杉首席代表による「高杉発言」（「日本は朝鮮を支配して、よいことをしようとした」）によって、「謝罪しない日本」が強く刻印されることになった。この発言後、2月17日に、当時の椎名悦三郎外相は、条約妥結に向けた交渉のために、韓国の金浦空港に降り立った際に、日本の過去を「深く反省する」と声明を述べたが、条約本文に韓国側が主張した「謝罪の文言」を入れることには反対したのである。

　韓国社会は、この条約反対運動で大きく揺れ、結局、戒厳令下の条約批准となった。主要新聞も、意義を評価しながらも、「国民の感情に比べれば調印された諸協定はあまりにも期待はずれ」（『朝鮮日報』6月23日）、「韓国側のほとんど一方的な譲歩」（『東亜日報』6月22日）、と妥結内容を批判していた。

　この年の秋、1965年10月17日、東亜日報では、以下のような記事が掲載された。本稿が把握する最初の「謝罪する日本人」の登場である。

　　土曜日の空港であった話というコーナーであるが、日本から大学講師の渡邊正一氏が引率する大学生7名が、「われわれ日本人は過去において韓国人たちに及ぼした被害と傷を主キリストの下で心より謝罪する」と書かれたユニークなプラカードを掲げて、16日大韓

111

航空機で入国した。6月から集めた日本の大学生の謝罪署名三千人分をスクラップして現れた一行は、一週間ここに滞在しながら、彼らの祖父や親が過去36年間の植民統治で起こしたことが何かを、現地で見て聞き、謝罪したいということだった。

この年すなわち、国交正常化の年の年末、1965年12月24日には、韓国政府の丁一権総理（当時）が、フィリピンのマルコス大統領の就任式に出席したのちの帰路で、東京に寄り、韓日国交正常化以後の当面の様々な問題を協議する予定であり、とりわけ、日本の初代駐韓大使の人選問題が議論されるとみられる、という記事が掲載された。そして、同じ一面には、「新時代の序曲」というボックス記事があり、日本の作家である平林たい子氏のコラムが掲載された。「韓日修交、私がみる問題点」というタイトルに、「純粋な反日に感銘。日本民族は謝罪していない。真の友好は、精神的風土から」という見出しが付いていた。コラムの一部を引用する。日本語への翻訳は筆者によるものである。

日本は戦後かつて日本民族が行った過失、過誤、蛮行に対し、政治家だけが謝罪し、日本民族は悔悟していない。謝罪したというより、謝罪させられた。しかし、若い世代に対しては、無罪を宣言しよう。われわれ古い世代が起こした過誤は、私たちの手で洗ってしまうことを願う。私は韓国を2回訪ねている。韓国を訪ね、悟ったことはあまりにも多い。第1に、在日韓国人を通じて描いてきた私の韓国観がいかに抽象的で感傷的だったのかを。第2に、個人的な接触から見える優しさと従順さが、国家的民族的な問題に至っては、反日感情と不信感が露出する強力なナショナリズムへと変化することへの感銘。

日本人と韓国人の韓日国交正常化に対する反対論はとても異質的である。ナショナリズムに基づき、ナショナルインタレストを叫ぶ韓国民族の抗弁に対し、日本の反対論は、まるで無国籍人の抗弁のようだ。ソウルで見た純粋な反対運動は戦後、麻痺状態に陥った日

第5章　謝罪する日本（日本人）の表象

本人たちの罪の意識を反芻させるのに、大きな役割を果たしたと評価したい。

　平林たい子（1905〜72年）は、戦前はプロレタリア作家として知られ、戦後は、いわゆる転向文学の代表的作家となり、反共・右派色を強めた人である。このコラムでは、まず、韓国側のナショナリズムを賞賛しつつ、日本側のナショナリズムの不在を嘆いており、このパターンは、その後も日本の言論で長らく続く、韓国という他者への認識と、それと対の関係にある日本側のナショナル・アイデンティティの自覚を求める姿勢と共通している。韓国側の反対運動が徹底的に国益に基づいているとするのに対し、日本側の反対運動に関しては、「無国籍人の抗弁」のようだとナショナルインタレストが把握されていないことへ不満をもらし、他方で、「米国中心の冷戦体制への加担」を主な反対理由とする左派たちの日韓条約反対の主張にもその観念性への批判が窺える。はっきりしないのは、「在日韓国人を通じて描いてきた私の韓国観が……抽象的で感傷的だった」との説明であるが、その次の「個人的な経験から見える優しさと従順さ」を意味するのか、あるいは、別の意味なのかは窺い知れない。最後に、「ソウルで見た純粋な反対運動」が「戦後麻痺状態に陥った日本人たちの罪の意識を反芻させるのに、大きな役割を果たした」という評価は、少なくとも本調印翌日の主要新聞の社説を読むと、当たっているとは思えない。

　本調印翌日、日本の主要新聞は、基本的には国交正常化を歓迎する姿勢を見せながらも、「日本側はかずかずの譲歩」をした（『朝日新聞』6月23日）、「譲歩するのは日本側だけ」（『毎日新聞』6月23日）、「妥結内容については不満の点が少なくない」（『読売新聞』6月23日）と述べるなど、日本政府の交渉態度と妥結内容に対して不満と疑問を表しており、「冷戦体制への加担」などという批判意識は感じられない。もちろん、当時の日本社会で起きた日韓条約反対デモの主張は、韓国の軍事独裁、米国中心の冷戦体制への加担を主な理由とした反対であったが、主要新

第Ⅱ部　文化・メディアにおける相互表象からの脱却

聞が共有する認識ではなかったのである。むしろ、社会の空気と、主要新聞の論調で共通していたのは、韓国の独裁政権を嫌う感情であり、それは、従来からの韓国認識と異なるというよりは、むしろそのままそれを継承するものであった。したがって、主要な新聞が国交正常化を報じる際のキーワードは、「謝罪」、「清算」ではなく、「譲歩」だったのである。

　確かに、韓国での反対は、植民地支配への謝罪や賠償を棚上げにしてかつての侵略者と外交関係を正常化するのは屈辱的であるということが主な理由であったが、日本側では、少なくとも、日本の主要新聞の主張からは、「冷戦体制への加担」を理由に「日韓国交正常化交渉」に反対を述べる論調は見られない。そもそも、日本の主要新聞はすでに、激しさを増していた「安保闘争」に対し、「議会政治を守れ」という趣旨の7社共同宣言を出し、実質的に「安保支持」に傾いていた[*1]。したがって、平林氏の主張は、反共・右派的な心情からの認識としては正しいものの、日本の主流あるいは反共・右派の自己認識としては、「本音隠し」の側面がある。

　もう一つ、このコラムの「誤認」を指摘すると、「戦後、麻痺状態に陥った日本人の罪の意識」に関してである。確かに、個人レベルで贖罪意識を持っていた人は一定程度存在していたであろうが、社会全体としては、そうした意識は薄かったであろう。むしろ、日本政府側は、アメリカの意向に従って、韓国市場への進出を目論む独占資本に後押しされた「日韓親善派」の期待を背負っており、また国内的に「正常化」の結果として解決が期待されていたのは「在韓財産」の問題であった[*2]。したがって、日本の新聞では、久保田発言も、高杉発言も、それ自体の不適切さを咎めるよりは、韓国側の反発を大きく報じ、両発言に潜む日本人の植民地支配への無反省を批判的にとり上げることはしなかった。

　この時期、日本側にはそもそも謝罪意識は欠如していたし、韓国側もそのように日本を認識していた。しかし、当時の韓国の政権側は国民に「日韓国交正常化」を説得するために、日本側の「謝罪」を欲していた。

当時の政権側は謝罪を勝ち取ることが対国民的な説得に有利に働くであろうという期待があったのである。そもそも、弱肉強食の国際関係認識はむしろ共有されており、個人の被害者への補償などは視野に入っていなかった。こうした状況から、被害者の実情や心情への斟酌と配慮を欠きその補償も伴わない「謝罪」は、政府間交渉の際の「カード」になり、「勝ち取る」か、「譲歩」するか、の選択の間で揺れ動くことになったのである。

　国交正常化前後の短い時期に、韓国の新聞では、「謝罪する日本人」が登場したが、日本の新聞では、そうではなかった。むしろ、日本の新聞で大きく報じられたのは、国交正常化に反対する韓国側のデモであり、謝罪を要求する反日的な韓国人であった。その一方では、いわゆる久保田発言に代表されるような、本音レベルの感情や論理が表明されることが度々あった。

　しかし、国交正常化が成立してからは、「謝罪する日本人」は少なくとも新聞の紙面を飾ることはなくなった。「謝罪」が、政府間交渉の「カード」になってしまうなかで、国民の間の謝罪を求める心情は、政府に託されてしまい、ある意味では、抑えられていたといえよう。また、日本においては、韓国に対しての軍事独裁政権下の強権的な体制という認識が広がるにつれて、加害の意識は薄れてゆき、反戦・平和への意識は、ベトナム反戦運動や国内の反戦・平和運動のほうに向かうことになったのであろう。

2　「謝罪する日本人」の登場——1980年代後半から1999年まで

　ところが、1982年の教科書問題で、日本側で歴史認識をめぐる混乱

＊1　日本経済新聞社・毎日新聞社・東京タイムズ社・朝日新聞社・東京新聞社・産業経済新聞社・読売新聞社（連名）共同宣言『暴力を排し議会政治を守れ』（1960年6月17日）。
＊2　田中武雄（1961.3.1）。

が起きる。日本の教科書が「侵略」を「進出」に書き換えたという問題であったが、そして国内外からの反発、とりわけ中国や韓国の激しい抗議によって、不適切という批判世論が高まり、近隣諸国条項を入れる形で、政府内で決着が図られた。また、1984年に全斗煥大統領が、韓国大統領としては、戦後初めて日本を公式訪問した際に、また1990年に盧泰愚大統領が公式訪問した際にも、天皇による謝罪の表明をめぐって集中的な報道がなされるが、この時期のニュース（韓国側）では、謝罪する日本人よりは、謝罪しない日本人がニュースになっていた。また、日本側においては、歴史認識をめぐる問題が焦点化される度に、抗議する韓国人が映し出され、いつの間にか、かつての戦争に対する歴史認識をめぐる葛藤は、「韓国 対 日本」または「「反日」中国・韓国 対 日本」の図式で語られるようになったのである。その結果、過去の歴史に関する「謝罪・反省」の必要性を主張する国内の世論は、「韓国・中国からの「反日」要求」と併置または置換され、日本の国家と歴史を肯定するのか、否定するのかといった二項対立的な言説構造に陥ってしまったといえよう。近年、インターネット上の歴史認識の右傾化を象徴する「日本には日本の言い分がある」というスローガンの土壌は、すでにこの時期から醸成されていたのである。

　昭和天皇による「遺憾の意」[*3]、平成天皇による「痛惜の念」[*4]の表明は、韓国のメディアでは、「謝罪」としては十分とは受け取られず、「不十分」、「巧妙な言い回し」といった批判的な受け止め方だった。また、後述する中曽根首相、海部首相、宮沢首相、細川首相らによる「謝罪」の表明も、もしも、その後に続く、「妄言」がなかったならば、印象は違っていたかもしれないが、真摯なる謝罪の表明として受け止められることはなかった。

　政治家ではない、いわば一般の「謝罪する日本人」が韓国の新聞に登場することになるのはこの時期からである。東亜日報は、1990年6月28日に、京都で個人事業を営む藤井氏が「最小限の道徳的な責任感の発露」であるとして、韓国人被爆者のための寄付金を差し出した、と伝

えている。記事によれば、藤井氏は、崇仁協議会という社会福祉団体を京都で設立し、原爆被害者のための募金活動を行っていたところ、被爆者の中に韓国人が多いという事実を知り、韓国を訪問することになったという。「最近、京都駅付近を歩いていたところ、韓国人被爆人2、300人が集住している町を偶然に見て衝撃を受けました。戦争を起こした国の国民ではあっても、人類史上日本人は類例のないこのような刑罰を受忍しなければならないのかという思いから原爆被害者のための募金運動を始めた私としては、韓国人被害者のかわいそうな事情がとても驚きでした」と語ったという。

　また、同年8月15日には、「アジア・太平洋地域の戦争犠牲者に思いを馳せ、心に刻む集会」*5の会員20名が、独立運動の聖地であるソウル鐘路パゴダ公園を訪れ、太平洋戦争で犠牲になった英霊たちのために追悼式を行った」と報じている。記事によれば、この団体は日本全国に4千人の会員がいて、発足したのは1985年であった。その年の8月15日に中曽根首相が靖国神社に参拝したことで、軍国主義の復活が本格化するのではないかという懸念が広がるなかで、教師や宗教人、弁護士、一

---

*3　1984年9月7日「今世紀の一時期において、不幸な過去が存在したことは、まことに遺憾」(昭和天皇、全斗煥大統領来日宮中晩餐会にて)。

*4　1990年5月「わが国によってもたらされたこの不幸な時期に、貴国の人々が味わわれた苦しみを思い、私は痛惜の念を禁じえません」(明仁天皇)。

*5　この名称に関しては、朝日新聞の編集委員本多勝一と同会の事務局長上杉聰氏のやりとりがある。
　　本多：会名が「アジア・太平洋……集会」(代表・和田稠氏＝真宗大谷派浄泉寺)と、えらく長くて不便ですね。
　　上杉：「略して「戦争犠牲者を心に刻む会」、もっと略して単に「心に刻む会」とも言っています。「慰霊」という言葉は神道用語だというので反対があるし、「追悼」でいいと思ったらこれも靖国推進の日本政府用語だという反対があって慎重になりました。過去の過ちを深く反省した西ドイツ・ワイツゼッカー大統領の去年の例の演説に「エアインネルン」という言葉があって、演説を訳した永井清彦さんが「心に刻む」としているんですね。ここから採用されたわけです」(『朝日新聞』1986年8月10日朝刊)。

般会社員など良識ある民間人たちが中心になって作られた、という。この年の引率団の代表である和田稠氏＝真宗大谷派浄泉寺は、記事のなかで、次のように述べている。

> 未だ多くの閣僚が靖国神社に参拝しており、教科書を通じて子供達に天皇を敬愛しなさいという教育を受けさせながら、軍国主義者たちを英雄的に描写し、侵略戦争と死を美化している。日本人の一人として、太平洋戦争当時、日本が起こした罪を謝罪するために1986年から毎年8月15日に中国を訪ね、戦争被害者たちを慰問してきており、89年からは韓国とタイなど東南アジアにも謝罪訪問していると説明した。（『東亜日報』1990年8月15日）

さらに、重要なのは、この記事の見出しである。

日本の「過去美化」恥ずかしいです
「太平洋戦争　謝罪　日人の会」20余名来韓国
軍国主義復活憂慮　民間人中心に　86年発足
韓国被害者　悲惨な生活　告発（前掲記事）

また、8月19日は、「日本の戦後責任をはっきりさせる会」の韓国訪問も大きく報道された。この団体は、前年12月に結成されたが、その年10月に、韓国の「太平洋戦争犠牲者遺族会」の会員22名が日本政府を相手取り、謝罪及び賠償を求める訴訟を起こすと同時に、日本弁護士会に人権救済の申し出を行ったことをきっかけに作られた。なお、同じ日には、従軍慰安婦として駆り出された女性1名を含む「韓国太平洋戦争犠牲者遺族会」所属の戦争犠牲者50名余りが、日本政府に対し補償を求める訴訟を起こす予定である、という記事も掲載されていたが、この団体の訴訟を助けるための日本人による団体の韓国訪問のほうが、「日帝被害者補償積極的に助ける」という見出しとともに、もっと大き

第5章　謝罪する日本（日本人）の表象

く報じられていることも注目すべきであろう。また、同記事の見出しは、「日帝被害者補償積極的に助けたい」というものであった。

　なお、この時期までは、朝鮮日報では、東亜日報が報じるほどの「謝罪する日本人」は登場しなかった。

　この時期に、東亜日報が「謝罪する日本人」に注目し始めたのには、幾つかの背景がある。一つは、韓国において戦後の日本の社会運動が展開してきたさまざまな領域における差別反対運動や反戦・平和運動、そして公害をめぐる運動などへの関心が高まったことや、日本と韓国側の市民運動との連帯意識も形成の兆しが見えてきたということである。また、依然として「謝罪しない日本政府」から市民社会を分離して認識し、連帯を期待する動きが出始め、それはまた韓国の民主化後に現れた市民社会への期待とも相通じるものであった。民主化以前では、政府によって、抑圧させられていた大衆レベルの「謝罪を求める心情」にも符合するものであり、ニュースとしての価値も高かったのであろう。

　日本側はどうか。まず、1990年の夏、韓国の新聞社を訪れ、韓国人被爆者へ寄付金を差し出した藤井氏が代表を務める社会福祉団体・京都市崇仁協議会の関連記事を調べてみたところ、朝日新聞の場合、「京都駅東部の再開発を／JR駅ビル問題で崇仁協議会が集会」というタイトルの記事があった。この記事では、「地元の住民らでつくる崇仁協議会」という紹介がなされているが、藤井鉄雄氏（同記事では、委員長）の発言として、「人口の減少が進む崇仁地区に企業を誘致することが「同和問題の解決にも、京都市全体の利害にも叶うはず」」と、伝えている。つまり、この団体は、京都に歴史的に存在する被差別部落の問題に取り組む地域の「同和団体」であったのだが、韓国の新聞では、この崇仁協議会の存在が「社会奉仕団体」として紹介されており、日本における文脈に触れられていないことがわかる。その差別反対運動に関わっている人が、なぜ、韓国人被爆者のための基金を韓国の新聞社に寄託するようになったのかが、気になるが、2つの新聞記事は別の文脈で書かれてお

り、それを知ることはできない。

　ところで、読売新聞では、「崇仁協議会　藤井」というキーワードで記事を検索したところ、以下の一件のみ、抽出された。

「住民団体委員長を覚せい剤で逮捕／京都府警」『読売新聞』1993年4月17日付大阪夕刊

　記事は、京都市左京区北白川別当町、住民団体「崇仁協議会」委員長藤井鉄雄容疑者（44）が覚せい剤取締法違反の疑いで逮捕され、また同市山科区で15日に、同協議会役員の潮見旭さん（41）が射殺される事件があったという。

　朝日新聞の報道でも、同様に検索をしてみると、被差別部落の開発事業に熱心に参加しつつ、また「地域の年末恒例の餅つき大会でご近所に3000食を無料で配布する」という運動に関わっている人だったようだが、それは1991年12月であった。その後、92年3月6日の朝刊京都版の記事では、藤井氏所有の「藤乃家」で不審火の通報があったこと、放火の可能性が強いとみられていると報じられていた。そして、さらにその1年後には、覚せい剤で逮捕される、という結末には驚きを覚えるが、被差別部落と隣り合わせの位置に置かれている韓国人原爆被害者の境遇に強い道徳的な責任感を感じ、500万円の基金を寄託してから、わずか3年間の出来事であった。

　次に、東亜日報の1991年8月16日の記事に紹介されている「アジア・太平洋地域の戦争犠牲者に思いを馳せ、心に刻む集会」の韓国訪問に関しても、朝日新聞、読売新聞のいずれの新聞からも記事を確認することはできなかった。朝日新聞では、本多勝一編集委員がインタビューを行った記事が、1986年8月10日朝刊に掲載されており、その後も、ほぼ毎年のように、イベントの案内などが掲載されていて、22件の記事が掲載されていたが、最後のイベントの告知記事は、2000年7月6日の福岡発であった。読売新聞には、同会に関する記事は0件であった。

「韓国太平洋戦争犠牲者遺族会」による訴訟支援をきっかけに結成された「はっきりさせる会」については、朝日新聞の記事データベースからは、東亜日報が報じた韓国訪問についての記事は見当たらなかったが、「太平様戦争犠牲者」を含む記事は、144件にのぼっていた。多くの記事は、元慰安婦たちとそれを支える組織としての「太平洋戦争犠牲者遺族会」が登場していた。

ところが、読売新聞の場合は、より対照的であった。読売新聞で、「太平洋戦争被害者遺族会」を含む記事は44件であったが、そのほとんどは「要求」に関する内容であった。数少ない例外的な内容でも、次のように「反発」するパターンであった。

1990年11月13日朝刊は、「即位の礼　海外は冷静な報道　事実だけ淡々と　都心の警戒ぶりも」という見出しで、「日本の歴史と文化の奥深さを垣間見せた、「即位の礼」。海外の人々はどうとらえ、何を感じたのか。各マスコミを通して紹介する」と始まり、主要各国の関心度の高さに注目したりしたが、韓国に関しては、「淡々とした報道ぶりをみせた」とするものの、次の文章を挿入している。

　　一方、日本の植民地支配時代に徴用、戦死した韓国人の遺族で作る「太平洋戦争犠牲者遺族会」は「アキヒト国王（韓国での天皇の呼称）はヒロヒト前王が戦争中に犯した罪悪の傷あとが今も残っていることを自覚し、犠牲者への戦後処理を即刻実施せよ」とする声明を発表した。（『読売新聞』1990年11月13日東京朝刊）

3　急増する「謝罪する日本人」── 2000年以降

2000年以降、日本政府や、政治家からの「謝罪」の表明は、小康局面に入ったかのようである（表3参照）。表1と表2は、東亜日報と朝鮮日報の紙面で確認できる「謝罪する日本人」が登場する記事をまとめたものである。

第Ⅱ部　文化・メディアにおける相互表象からの脱却

表1　『東亜日報』に表れた「謝罪する日本人」(2000-2014)

日　付	見出し
2000年7月15日	日本の僧侶「謝罪巡礼」韓国一周に立つ　ソウル～釜山など1000キロ　二ヵ月間
2005年5月9日	「60年間遺骨放置……代わりに謝罪申し上げます」　日本「強制労働犠牲者の会」代表　殿平義彦僧　犠牲者遺骨箱　写真―資料を持参し、河東郡　遺族を訪れる
2005年5月11日	明聖皇后殺害犯の末裔　洪陵を訪ね涙の謝罪「おじいさんの悪行をお許し下さい」
2005年11月12日	史実隠す日本政府、もっと大きい罪を犯しています。　35年間強制徴用資料を集めた日本の郷土史学者　白戸仁康
2005年12月29日	韓日和解のため、「恥ずかしい歴史」掘り起こします。徴用韓人遺骨の発掘運動を行っている鈴木文明日本名寄大教授
2006年5月13日	「侵略知らず一体何の反省ができますか？」　日本教科書歪曲批判し、教師免職　増田都子氏
2007年8月23日	「贖罪の献血」76回　日本人留学生田口純氏　「慰安婦への蛮行　許しを請いたい。」
2008年3月8日	恨はらせず亡くなった慰安婦ハルモニ　最後の道見守った日本人青年たち　ボランティア日本留学生　「私たちが申し訳ない」
2007年8月23日	「贖罪の献血」76回　日本人留学生田口純氏　「慰安婦への蛮行　許しを請いたい。」
2009年7月27日	日本合唱団　2次大戦　蛮行　謝罪公演
2009年10月9日	日本人たちが心に刻むべき男　岡田外相の過去史認識
2009年12月14日	「日本、韓国人に謝罪する歴史ある」「日本政府かげの実力者」　小沢一郎国民大学特講義
2010年8月12日	日本の王族、京都「耳塚」初参拝　「壬辰倭乱　蛮行　謝罪申し上げます」韓国市民団体主催慰霊祭に参加。梨本氏「過誤、忘れない」
2011年3月1日	韓国で30年間、「日本、反省せよ」叫ぶ日本人「謝罪と和解の牧会」展開するソウル日本人教会
2011年3月17日	「想像もできなかった韓国人の温かい慰労に涙」「韓国と40年の縁」　野村基之氏から感謝の手紙
2011年8月10日	「過去の過ち反省」また韓国訪れた日本のお坊さん　2000年7月謝罪巡礼に出た岩田氏　独立記念館など参拝
2011年12月15日	「平和の道開いた、謝罪せよ」一千回の叫び……耳塞いだ日本　日本でも「謝罪しない政府　恥ずかしい」
2012年4月11日	日本市民団体、独立運動家末裔訪ね、謝罪　「日帝強占期蛮行謝罪　日本の平和憲法守る」
2012年7月5日	「日本を代表し、慰安婦、謝罪します」
2012年7月6日	「謝罪したいです、慰安婦わだかまり解けるその日まで」
2012年9月25日	日帝徴用少女たちの魂、寂しくないように。三菱工場に引き連れられ、地震で6名が惨事。日本の市民たちが募金を集め、追慕
2013年5月24日	「日本軍、婦女子狩り、慰安婦にさせた」　衛生兵出身日本の参戦軍人証言「安倍被害者に謝罪と補償しなければ」
2013年11月25日	日本、慰安婦強制動員資料持っていながら、真実を否認　資料6点発見した林教授インタビュー　「日本、国家犯罪認めようとせず」
2014年3月13日	慰安婦ハルモニの前で　日本人舞踊家パフォーマンス
2014年4月10日	ミス・インターナショナル日本人優勝者「慰安婦問題　恥ずかしい」吉松氏米ラジオで語る　日本の極右からの批判にも所信発言撤回せず

第5章 謝罪する日本（日本人）の表象

表2 『朝鮮日報』に表れた「謝罪する日本人」（2000-2014）

日付	見出し
2000年1月10日	日本の劇団　3月1日に「2・8独立宣言」の現場で、「堤巌里虐殺」懺悔の演劇
2000年8月11日	「過去の日本の悪行、代わりに謝罪します」韓国巡礼しながら、「謝罪苦行」する日本人僧侶岩田氏
2000年9月8日	「強制徴用の犠牲、謝罪申し上げます」日本、山田弁護士など4名、春川慰霊碑訪問、魂慰める
2001年1月16日	この人、西大門刑務所の歴史館で観光案内　日・山田氏　「粛然となる日本人を見るとき、日本の蛮行の告発にやりがいを感じる」
2001年3月1日	「日帝「堤巌里」虐殺、我々が代わりに懺悔」　日本人14名懺悔劇を鑑賞したのち、お墓訪ね謝罪
2001年7月18日	保坂祐二大教授分析「日本の歴史歪曲は皇国思想のため」であると主張する大学教授
2001年7月25日	「日本歴史教科書を修正せよ」との声明を発表した忠清北道の日本人婦人会の15名
2001年9月19日	「歴史歪曲謝罪のために韓国人の青少年10人」に奨学会を設立した日本人女性
2002年12月6日	「日本女性たち、慰安婦ハルモニ「心の負い目」を感じ」中島氏など3名　「ナヌムの家」でボランティア
2003年1月18日	（共に生きる社会）挺身隊問題対策協議会の人々　ハルモニたちの側で11年。最後までに
2003年4月18日	日・女性教授「顔なき奨学金」「日本の醜い過去、代わりに謝罪します」
2003年8月26日	「関東大震災の時、朝鮮人虐殺　謝罪を「日本弁護士連」日本政府の虚偽情報で起きた」
2005年5月10日	明成皇后殺害は祖父の過誤
2005年5月10日	110年ぶりの謝罪
2007年7月31日	「明成皇后殺害謝罪しに来ました」日本前・現職教師13名景福宮を訪問
2007年8月1日	「明成皇后殺害、謝罪します」日本前・現職教師洪陵参拝
2007年11月2日	マイク・ホンダ米国下院議員の道徳的勇気
2010年2月12日	岡田「100年前、韓国人深い傷負った」
2011年3月1日	韓国で30年目「日本は反省を！「叫ぶ日本人」謝罪と和解の牧会」ソウル日本人教会吉田牧師
2011年3月2日	編集者に　韓国生活16年　日本人、3・1節太極旗を掲げながら
2011年4月28日	「韓・日　往来数十回……5年の交渉が実を結んだ」朝鮮儀軌返還、二人の主役
2012年8月17日	韓国侵略　尖兵の役割　日本仏教の過誤、懺悔します。日本仏教最大の教団　群山・東国寺に碑
2012年8月24日	日本人大学生「ハルモニ、すみません」慰安婦ハルモニ　「あなたのせいじゃない」韓・中・日本など16ヵ国青年60人、慰安婦歴史館訪問
2012年9月13日	蔚山居住日本人女性たち　慰安婦問題謝罪
2012年10月9日	河野談話主導した河野前官房長官　「日本、慰安婦否定すれば、国家信用を失う」と談話破棄主張の極右派政治家を批判
2012年12月1日	「韓国に返さなければならない」親韓派の土井議員引退
2012年12月17日	南京大虐殺追慕行事に一緒に向かった韓国・日本の僧侶
2013年4月23日	「日本の仏教界、朝鮮侵略懺悔できない」帝国主義戦争批判　日本人僧侶
2013年8月31日	「韓国で乗車拒否されたのち、韓・日歴史の勉強を始めた」　安重根義士記念事業日本人　小松昭夫氏訪韓
2013年10月22日	「清渓川の聖者」野村牧師
2014年4月10日	「慰安婦問題恥ずかしい」発言に呪いをかけた日本　国際美人大会1位　吉松氏　米・ラジオ放送出演所信発言
2014年10月2日	慰安婦水曜集会訪ねた日本の牧師たち　「どうか過去の暴力をお許しください」　神風出身牧師が書いた謝罪文読み、花束渡す　ハルモニは蝶のバッジ

123

この時期には、政治家以外の人々で、「謝罪する日本人」が増えた。東亜日報と朝鮮日報の紙面で、「謝罪する日本人」が登場する記事を集めてみたところ、その増加ぶりは、明らかである。一方で、日本の新聞はどうかというと、これらの「謝罪する日本人」は、なかなか登場しない。

　なぜ、この時期に韓国の両新聞で増えたのかをまず考えてみよう。第１の理由は、言うまでもなく、謝罪する日本人の韓国訪問があったからであろう。問題は、こうした報道がある以前にも謝罪する日本人の韓国訪問があったかどうかであるが、新聞などメディアで報じられていない出来事を知ることは大変難しく、別の言い方をすれば、報道されていない出来事は、社会的には出来事にはならない、とも言えよう。つまり、重要なことは1990年代に入ってから、政治家以外の一般の日本人が、個人的な動機であれ、宗教上の考えからであれ、あるいは日本人を代表する志を持ってであれ、韓国を訪ね、謝罪を表明するという出来事が、韓国の主要新聞によって、社会的に重要な出来事として認知され、報道されるようになったということである。

　第２の理由は、韓国の民主化に求めることもできよう。注目すべきは、謝罪する日本人たちの植民地支配と侵略に対する贖罪意識は、戦後のある時期までは、左翼的市民運動側のものであり、彼らは1965年の日韓国交正常化にも、その後の軍事独裁政権にも批判的な人たちであった可能性が高いことである。それに対し、それまでの、いわゆる「親韓派」の人々は、政治家も含めて、韓国の反日感情をあえて刺激するような言動は自制する姿勢を見せていたものの、本音では謝罪するような考えの持ち主ではなかった。そこで、時々、あるいは、計算的に噴出するのは、妄言の連続であったのである。一方で、左派で「反韓派」であった人々は、植民地支配と侵略戦争には批判的な考えを持っていたものの、同時に反米的な傾向を強く持っており、原爆投下と占領に対する被害者意識が前面に出されるような状態であり、その多くはベトナム反戦運動や反核・平和運動に向かったりしていた。もちろん、その一連の流れの中で、

アジアへの加害者意識が生まれるといったケースもあったが、その加害者意識が韓国への謝罪に向かうことを韓国の独裁批判が妨げていたのである。

韓国側の状況を考えてみよう。民主化後の状況は、韓国側の謝罪を求める欲望にも影響を与えたのではないか。また、民主化後に出会った日本人には、「良心的な日本人」も存在していたのである。日本の政治家の物足りない謝罪に、そして相変わらず続く妄言の連続に、謝罪を求める欲望は満たされないままであり、そこに、干ばつの後に降る雨のように、謝罪する日本人、あるいは、良心的な日本人の出現は、ありがたいもので、さらに欲望するようになったのであろう。

次に、日本側の報道を見てみると、日本の新聞では「謝罪する日本人」はほとんど登場せず、ニュースになるのは、相変わらず、謝罪を求める韓国人の姿であったが、それでもごく一部であるが、取り上げられている出来事もあった。その報道内容を、韓国の新聞の報道と比べてみよう。

事例１：徴用犠牲者の遺骨返還活動に取り組む「強制労働者犠牲者の会」の場合

徴用犠牲者の遺骨を返還する活動に取り組んでいる日本人グループ「強制労働犠牲者の会」が犠牲者の遺骨箱や資料などを持参して遺族を訪れたというニュースである。東亜日報では、2005年5月9日付で報じており、朝鮮日報も、2008年2月27日に4人の遺骨が帰ってきた際に、「亡くなってから60年あまりが過ぎ、故国へ」という見出しで報じている。

東亜日報の記事（2005年5月9日付）を詳しく見てみよう。見出しは、「60年間遺骨放置……代わりに謝罪します」であり、最初の文書は、「すみません」という言葉の直接引用から、そして、日本から訪れた「強制

第Ⅱ部　文化・メディアにおける相互表象からの脱却

労働犠牲者の会」の殿平代表が遺族と対面する場面から始まっており、典型的なフィーチャー記事*6の書き方となっている。

> 「1945年7月米軍の艦砲射撃で多くの人（徴用された朝鮮人：引用者注）が死にました。英得氏も当時犠牲になった可能性がある」（殿平氏）
> 「兄は、日本に連れて行かれた後は何の連絡もなく、母は兄を待ちながら、ずっと火病*7で苦しんで亡くなった。当時、18歳だった長兄の代わりに二番目の兄が徴用に行った。とても優しく、女の子のように静かだった兄が若いときにどれだけ苦労を強いられ、死んだだろうか。」（妹の喜業さん（72歳）、涙ながらに）

というやりとりの後に、記事では、「持ってきた書類のなかには、英得氏が死亡したのち、当該地域の健康保険組合が「退職手当金」50円を支給した証明書と……お見舞金……親睦会名義の100円などが書かれた紙も……」という紹介ののち、記者による意味付けが次のように行われた。

> 「日本側は、英得氏の死亡事実を知っていながら、遺族には数十年間も通報しなかった。」

この記者による解釈は、その意味を確認しておく必要があろう。「日本側」とは果たして誰を意味するのか、「英得氏の死亡事実を知っていた」とは果たしてどのような状況なのか、などが、やや乱暴に推測されているからである。これでは、少なくとも10年以上に渡って、「身元不明の遺骨」と「遺族」を対面、再会させるために努力してきた殿平氏らの努力は、報われないのではないだろうか。少なくとも、「日本側」のカテゴリーには、入っていないことになる。

その後、殿平氏の次のコメントが配置されていた。

第5章　謝罪する日本（日本人）の表象

　戦後60年になるまで、日本に遺骨を残しておいたことや遺族の心痛の思いや悲しみに対し、日本人の一人として、ひれ伏して謝罪します。日本政府と企業、私たちみんなで取り返しのつかない苦痛を与えました。遺骨送還を含めて、できることを全て行います。遺骨返還のほかに、政府とは別に（民間次元で）何ができるか悩んでいる。

　この遺族訪問から約２週間後の５月23日には、遺族たちが北海道室蘭を訪ね、遺骨に対面するのであるが、次はこの対面を報じる読売新聞の記事である。ここでは、記事の見出しは、「徴用で殉職した朝鮮人の遺族、遺骨と涙の対面　艦砲射撃で被害の室蘭＝北海道」であり、最初のリード文は、「太平洋戦争末期の1945年７月、米艦隊の艦砲射撃によって、徴用されていた北海道室蘭市の日本製鉄輪西製鉄所（現・新日鉄室蘭製鉄所）で殉職した朝鮮人男性２人の遺族が23日、遺骨が安置されている市内の光昭寺を訪れ、遺骨に対面した」という説明であった。（『読売新聞』2005年５月23日東京夕刊）（傍点は筆者）

　この記事を、次の朝日新聞の記事と比較してみると、その違いがより鮮明に浮かび上がる。

　　「遺族判明、来日へ　60年ぶり再会　戦争で犠牲、朝鮮半島出身者　遺骨　室蘭」『朝日新聞』2005年５月20日朝刊
　　「空白60年、遺骨抱き涙　製鉄所で被災した朝鮮半島出身者の遺族、室蘭で対面【北海道】」『朝日新聞』2005年５月24日朝刊
　　「米軍の艦砲射撃、遺族７人に説明　製鉄所で死亡の朝鮮半島出身

＊6　解説・特集記事。最初のリード文がインパクトのある逸話から始まるパターンが多い。
＊7　鬱火病の縮約形。ストレス障害を起こす精神疾患の一種。

者　室蘭【北海道】」『朝日新聞』2005年5月25日朝刊

　朝日と読売の比較で見えてくるものも明らかである。読売新聞は、遺族が「遺骨」と対面したその日に夕刊記事として掲載していたが、朝日は、数日前の朝刊、翌日の朝刊、翌々日の朝刊で、都合3本の記事を掲載していた。また、問題の定義が異なることはより重要である。読売新聞では、「徴用で殉職」「艦砲射撃で被害の室蘭」「遺骨が安置されている」という――米軍の攻撃によって日本人と共に朝鮮人も犠牲になり、それを日本人が安置していたかのような――表現を使っているが、朝日新聞では、「戦争で犠牲」「製鉄所で被災」「米軍の艦砲射撃」「遺骨が預けられている」という――やや日本の戦争の犠牲者であるという――表現となっている。いずれも、東亜日報が使った「60年間遺骨を放置」とは、ニュアンスが大きく異なるが、日本の両新聞でも少なからず捉え方の違いがあることを確認できよう。

　さらに、この問題の解決の道筋として、「遺骨の引き取り」が想定されている点は、読売も朝日も同じであるが、ここでも微妙な表現上の違いがあった。以下の通りである。

　　①鄭さん、李さんの遺族は、来日に際して、遺骨引き取りを望んだが、北海道の遺骨調査に取り組む市民団体「強制連行・強制労働犠牲者を考える北海道フォーラム」（札幌市）が「日本政府や企業の謝罪、責任を明確化した上での返還が望ましい」と伝えたこともあり、今回は引き取りを見送ることにした。（『読売新聞』2005年5月23日付）

　　②李さんの妹・幸仙さん（60）は、「亡くなった両親は、兄の帰りを待って泣いていた」と涙を浮かべた。幸仙さんは45年生まれで、兄の顔を知らない。「家に戻ったら両親に報告する。当時の姿のまま、兄を返してほしい」と語った。

第5章　謝罪する日本（日本人）の表象

遺骨は当面寺に残され、日本に連れてこられたり、遺骨が放置されたりした経緯などが分かってから、遺族らが引き取ることにしている。(『朝日新聞』2005年5月24日付)

③当時16歳で亡くなった鄭英得さんの妹・姫業さん (72) は「兄は米の攻撃で亡くなったといわれるが、本当は仕事中に亡くなったのか、餓死して亡くなったのかわからない」と質問した。本野さんは「当時の名簿で調べたところ、2人は日本名で載っていた」と答えた。殿平善彦・共同代表は「遺族は、遺骨を持って帰りたいという気持ちがあるが、このままでは本来受けるべき説明や謝罪がないまま帰ることになる。日本側の責任として遺骨を届けることにしたい」と話した。(『朝日新聞』2005年5月24日付)（下線はいずれも筆者による。）

　読売新聞の記事では、①のように、遺骨の引き取りを望む遺族と、「日本政府や企業の謝罪、責任を明確化した上での返還が望ましい」と主張する「北海道フォーラム」が、対決ではないものの、対立する構造になっている。それに対し、朝日新聞の記事では、遺族の希望は、「遺骨の引き取り」だけではなく、それ以前に「当時の姿のまま、兄を返してほしい」というものであり、「北海道フォーラム」は、まさにその遺族の希望を実現すべく努力し、説明や謝罪がなされてからの引き取りが必要であることが殿平代表の声として伝えられている。朝日の記事では、遺族と「北海道フォーラム」が対立する構造にはなっていない。さらに、注目すべきは、殿平代表のコメントにある「日本側の責任として」という言及である。読売の記事では、「北海道フォーラム」は、「日本政府や企業の謝罪、責任の明確化」を要求する側として位置付けられていて、いわば「日本」の外側、あるいは「対立側」として布置されているのに対し、朝日新聞の記事では、「北海道フォーラム」は、「日本側の責任」を遂行する主体として認識されていることが窺える。

第Ⅱ部　文化・メディアにおける相互表象からの脱却

事例２：明成皇后殺害　祖父の過誤を謝ります

　次の事例として、明成皇后の殺害犯の末裔の謝罪訪問の例である。2005年５月に、明成皇后暗殺犯の末裔が、紅綾を訪れ、謝罪したという出来事であり、この訪問は、大きなメディア・イベント的な展開となった。
　５月11日の『東亜日報』記事の見出しは、「祖父が行った悪行に対し謝罪します。祖父も私を理解すると思います」というものであった。朝鮮日報でも、この謝罪訪問は、「110年ぶりの謝罪」として報じられた。彼らの訪韓を導いた「明成皇后を考える会」は、2004年、日本熊本県出身の良心的な退職歴史教師20人余りで結成され、韓日関係史を研究しているうちに、明成皇后暗殺犯の45人のうちに21名が熊本県出身であることを知り、正しい歴史教育のために、集まり、暗殺犯の末裔の人を探し、今回の謝罪訪問を実現させたのである。このグループは、その後も活動を続けていたようで、その後も度々韓国を訪れているが、その度に韓国のメディアの大きな注目が集まったのである（写真１参照）。
　日本のメディアでは、唯一、テレビ朝日の『報道ステーション』で、この出来事を取り上げたが、その見出しは、「韓国、反日感情の"原点"」

写真１　"明成皇后殺害、日本人として謝罪します。"

（『東亜日報』2007年８月１日付）

写真２　韓国、反日感情の"原点"王妃殺害　114年後の氷解

（『報道ステーション』2009年８月24日放送）

第5章　謝罪する日本（日本人）の表象

として捉えており、早くも「氷解」と評価し、韓国側の受け止め方とは、依然として深い溝があることを浮き彫りにした。

おわりに──（日本では）不人気の「謝罪する政治家」

　近年の韓国のメディアに登場する「謝罪する日本人」には、韓国在住の日本人婦女会など、日本人女性が登場する場面も増えた。最近の例では、2012年にミス・インターナショナル優勝の日本人女性がアメリカのラジオ放送での「慰安婦問題」に関する発言が日韓双方で取り上げられたこともあった。こうした「女性の登場」を、日韓相互のナショナリズムとジェンダーの問題として分析することは、今後、重要な研究の視点となるべきであろう。

　また、日韓双方における政権交代の経験の影響もあってか、政治家も「謝罪する日本人」の流れに合流することが増えつつある。かつては、「謝罪しない政治家」対「良心的な市民運動勢力」という図式があったならば、2000年代には、かつての「親韓派」ではなかった政治家が、「親韓派」として紹介される場面も増えてきた。近年の例では、村山富市、菅直人などの元首相が、韓国の保守新聞主催のイベントに招かれ、日本の「良心」を代表させられるケースも増えてきたのである。その度に、韓国の新聞、特にイベントの主催者は大きく伝えるが、日本側の新聞は、一切の報道を行わず、一部の新聞は、彼らを「日本の中古品」に喩え、酷評するコラムを載せたりしている。

　本章をまとめるに当たって、こうした「謝罪する政治家」の表象について試論的な意見を述べておきたい。

　表3は、日本の歴代首脳による謝罪表明をまとめたものである。1982年の、「侵略」を「進出」と書き換えることが問題となった「歴史教科書問題」に関連して、鈴木善幸首相が「「侵略」という批判もある」とした発言と、1993年の細川護熙首相の就任記者会見での「先の戦争は侵略戦争」という発言、そして1995年の「植民地支配と侵略」を明記

表3　日本の歴代首相による韓国への謝罪履歴一覧

日付	首相	発言など
1982年8月24日	鈴木善幸首相〔教科書問題での記者会見〕	過去の戦争を通じ、重大な損害を与えた責任を深く痛感している。 「侵略」という批判もあることは認識する必要がある。
1983年1月	中曽根康弘首相	両国関係は、遺憾ながら過去の歴史において不幸な歴史があったのは事実であり、これを厳粛に受け止めなければならない。
1984年9月7日	中曽根康弘首相	貴国および貴国民に多大な困難をもたらした。 深い遺憾の念を覚える。 〔全斗煥大統領来日歓迎昼食会〕
1990年3月	中山太郎外相	サハリン残留韓国・朝鮮人問題に関する謝罪答弁
1990年5月25日	海部俊樹首相	過去の一時期、朝鮮半島の方々が、我が国の行為により耐えがたい苦しみと悲しみを体験されたことについて、謙虚に反省し、率直にお詫びの気持ちを申し述べたい。
1992年1月17日	宮沢喜一首相	筆舌に尽くしがたい辛酸を舐められた方々に衷心よりお詫びし反省する。 胸がつまる重い。（訪韓、従軍慰安婦問題で）
1993年8月11日	細川護煕首相	先の戦争は侵略戦争 （首相就任後、初の内閣記者との会見）
1993年11月7日	細川護煕首相	わが国の植民地支配によって、朝鮮半島の方々が、母国語教育の機会を奪われたり、姓名を日本式に改名させられたり、従軍慰安婦、徴用などで、耐えがたい苦しみと悲しみを体験された事に加害者として、心より反省し、陳謝したい。（訪韓。慶州にて）
1994年7月24日	村山富市首相	心からのお詫びと厳しい反省の気持ちを申し上げたい。（訪韓）
1995年8月15日	村山富市首相	遠くない過去の一時期、国策を誤り、植民地支配と侵略によって、とりわけアジア諸国の人々に対して多大の損害と苦痛を与えた。この歴史事実を謙虚に受け止め、痛切な反省の意を表明し、心からお詫びの気持ちを表明する。（戦後50年首相談話）
1996年6月23日	橋本龍太郎首相	創始改名が、いかに多くのお国（韓国）の方の心を傷付けたかは、想像に余りある。 （従軍慰安婦問題について）これほどの女性の名誉と尊厳を傷付けた問題はないと思う。心からお詫びと反省の言葉を申し上げたい。（日韓首脳共同記者会見）
1998年10月8日	小渕恵三首相	韓国国民に対し、痛切な反省と心からのお詫び。 韓国国民に向けた「お詫び」を公式文書に明記。（「21世紀に向けた新たな日韓パートナーシップ」共同宣言）
2001年11月18日	小泉純一郎首相	「心からの反省とおわび」を記者団に語った。金大中大統領は首相の「おわび」を高く評価し、その実践を要望。 日本の植民地支配により韓国の国民に対して多大な損害と苦痛を与えたことに対し、心から反省とおわびをする。一人の政治家、人間として韓国人の苦痛と犠牲を忘れてはならないと思った。 （訪韓。植民地時代に独立運動家らが投獄された刑務所跡地にある西大門独立公園を訪れて）
2010年8月10日	菅直人首相	過去の朝鮮半島の「植民地支配」に関し、「多大の損害と苦痛に対し、改めて痛切な反省と心からのおわびの気持ち」を表明し、李氏朝鮮時代の儀典書「朝鮮王室儀軌」など朝鮮半島由来の図書を韓国に「お渡ししたい」と明言。

第5章　謝罪する日本（日本人）の表象

した村山富一首相による談話の間には、大きな落差がある。1980年代から90年代にかけて、日本側の歴史認識に大きな変化があったことは明らかである。だが、問題は、こうした首相による謝罪が、メディアによってどのように報じられ、語られ、そして多くの日本人がそれをどう受け止めたのか、である。

　日本側では、こうした「謝罪」の表明は、その多くが、韓国（または中国）側による要求に応じたものとして表象され、ちょうど歴史教科書検定の際の「近隣条項」のように、近隣諸国を配慮してなされた「謝罪」である、と報道されてきた。そして、それらの謝罪の表明の後には、必ず「妄言」[*8]が続き、その妄言はまた、謝罪しない日本または日本人の、いわば本音として伝えられ、またも韓国（または中国）からの、激しい反発を生んできた。こうした「謝罪－妄言－反発－反動」という流れは、現実政治においてはむしろ謝罪の逆効果、すなわち謝罪によってさらなる対立が助長されたという指摘[*9]もあるが、ここで問うべきなのは、そもそも、その謝罪がどのように報じられ、語られていたかである。また、その「謝罪」以前に、「謝罪を要求する韓国（または中国）」の表象が繰り返されたということも忘れてはならないであろう。そうした要求の結果、出された謝罪は、あくまでも政治的な妥協として映り、本来の自己主張ができない理不尽さが残ってしまう。そして、その「妥協」を批判する日本側の自己主張は、またもや「韓国側の激しい反発」を生み、最初の段階の「謝罪の要求とそれに応じる日本側の謝罪」の応酬がさらに増幅してしまうのである。

　こうした謝罪と反発の負の連鎖が繰り返される中では、歴史への謙虚な認識や謝罪を表明することが、政治家としての評価を低くしてしまう危険があることは、明らかであろう。これまで謝罪を表明した歴代首相への日本国内における評価がどのようなものであるかを考えれば、過去

---

*8　高崎宗司（2002）。
*9　例えば、Lind（2008）。

の歴史認識をめぐって、韓国に対して謝罪を表明することの政治力学的な価値が、どのようなものであるかは一目瞭然であろう。どちらかというと、韓国側の理不尽な要求に対しては、言うべきことは言う、日本としての自己主張をする、という姿勢が、いわば「信念の政治家」としてのイメージを構築するのに有効であったのである。しかし、このイメージの構築もまた、「繰り返し謝罪を要求する韓国」という他者認識の土壌の上で、成り立っているものであろう。そのような他者認識が、歴史認識をめぐる長年のメディア報道によって醸成されてきたのではないだろうか。謝罪と反発の負の連鎖を断ち切るために、何より求められるのは、歴史を考える際の、強固で疑えない「自己と国家を一体として認識するナショナリズム」と、それを可能とする否定像としての他者認識の二項対立からの脱却であろう。その二項対立の構築には、公正かつ正義の側に身を置いていると信じがちなジャーナリズムにも大いに責任があると言える。

引用・参考文献

高崎宗司、2002、『妄言の原型——日本人の朝鮮観』木犀社。
高橋哲哉、1999、『戦後責任論』講談社。
田中武雄、1961.3.1、「日韓交渉と在韓財産」『同和』(社団法人中央日韓協会) 第159号。
日本経済新聞社・毎日新聞社・東京タイムズ社・朝日新聞社・東京新聞社・産業経済新聞社・読売新聞社 (連名)、1960.6.17、共同宣言『暴力を排し議会政治を守れ』。

Dudden, Alexis, 2008, *Troubled Apologies Among Japan, Korea, and the United States*, New York: Columbia University Press.
Funabashi, Yōichi, 2003, *Reconciliation in the Asia-Pacific*, Washington, D.C.: US Institute of Peace.
Lind, Jennifer, 2008, *Sorry States: Apologies in International Politics*, Ithaca: Cornell University Press.

第Ⅲ部
市民社会の交流と国家主義の克服

第6章

日韓自治体交流の軌跡と展望
川崎市と富川市の教育・文化交流を中心に

李 正連（イ ジョンヨン）

はじめに

　日本と韓国の関係は「近くて遠い国」といわれているように、両国は地理的に近く、歴史的にも深い関係があるがゆえに、時には協力し、時には対立する関係を繰り返してきた。近年は独島（竹島）問題をはじめ、歴史教科書問題、従軍慰安婦問題等をめぐって、非常に冷え込んだ関係が続いており、その長期化によって日韓相互の国民感情も悪化している。

　日本の言論NPOと韓国の東アジア研究院が、2014年5月から6月にかけて日韓両国民を対象に実施した第2回日韓共同世論調査によれば、韓国に対して否定的な印象を持つ日本人は約5.5割であり、日本に対して否定的な印象を持つ韓国人は約7割にも上る。さらに、この1年間の相手国の印象については、昨年よりも「悪くなった」（「非常に」と、「どちらかといえば」の合計）と感じる日本人は52.6％と昨年より13％ポイント増加しており、韓国人で「悪くなった」（同）と感じている人は、46.7％で昨年と同じ水準で、関係改善の兆しがなかなか見えない[*1]。

　しかし、日本人の約6割、韓国人の約7割が悪化する国民感情を「望ましくない」「問題だ」と認識しており、「日韓関係が重要である」と考える日本人は6割、韓国人は7割を超えるなど、日韓両国民とも近年の日韓関係悪化を憂慮していることが垣間見られる[*2]。実際、2012年8月の李明博（イ ミョンバク）前大統領の独島（竹島）訪問以後、その翌年の政権交代から2年半以上も日韓首脳会談が行われなかった。

第6章　日韓自治体交流の軌跡と展望——川崎市と富川市の教育・文化交流を中心に

　ところが、このような政治関係の停滞とは違い、経済交流や民間交流の勢いは衰えることなく、連綿と続いている。上記の世論調査でも、日韓ともに7割以上が「民間レベルでの交流は重要」と認識しており[*3]、実際、近年日韓は相互にとって貿易総額で中国・米国に次ぐ第3位の貿易相手国となっており、また人的交流においても年間約500万人以上が日韓間を往来している[*4]。そして、1990年代に入ってからは、韓国の地方分権の復活に伴い、日韓自治体間での姉妹都市締結が急増し、多様な市民交流が行われるようになった。もちろん2001年の歴史教科書問題や2008年の領土問題等で日韓関係が悪化し、交流が一時中断される自治体も多くあったが、むしろそれを機に両市民の連帯が強まった地域もある。その背景には、相互のことを学びあい、理解しあう教育・文化交流の長年の蓄積が存在している。さらに、行政に任せきりではなく、市民自らが主体的に参加し、交流をつくり上げていくことで、持続可能な交流を実践しているのである。

　本章では、日韓自治体交流の歩みとその蓄積を検討するとともに、とりわけ自治体と市民の協働による教育・文化交流を通して友好な関係を保持し続けている代表的な例として、日本の川崎市と韓国の富川（プチョン）市との交流に注目し、国レベルではなく、自治体及び市民レベルでの教育・文化交流を通じた日韓友好の新しい地平を展望したい。

1　日韓自治体交流の歩みと現状

　日本において姉妹都市提携第1号は長崎市と米国ミネソタ州セントポール市であり、姉妹都市締結が各自治体に急速に増えたのは、1980年

[*1]　言論NPO・東アジア研究院（2014.7）3-4頁。
[*2]　同上、5頁。
[*3]　同上、14頁。
[*4]　外務省北東アジア課「最近の日韓関係」2015年2月。（www.mofa.go.jp/mofaj/files/000033344.pdf）

図1　韓国の国際交流（姉妹・友好協定件数）の推移

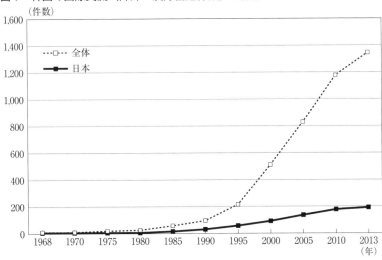

出所：전국시도지사협의회홈페이지（국제교류）（全国市道知事協議会ホームページ）より作成。
http://exchange.gaok.or.kr/exchange/listTime.action（アクセス日付：2015.3.11）

代後半から1990年代中葉であるといわれている[*5]。しかし、2000年代に入ってからは自治体の財政難の深刻化や在住外国人の増加に伴う国内での多文化共生事業の活発化等によって、自治体による海外との国際交流活動の冷え込みが全国レベルで起こっている[*6]。しかし、日韓交流に限っていえば、1987年の民主化抗争、1988年のソウル・オリンピックを経て、1990年代に本格的な地方分権が始まった韓国では、自治体が国際交流へ高い関心を持つようになり、実際、90年代以降韓国の自治体単位の国際交流が急増するが、それに伴う形で日韓交流も増えていったのである（図1を参照）。

　韓国と日本の自治体間交流は、1968年10月に韓国の蔚山(ウルサン)市と日本の山口県萩市が交流協定を締結したことを皮切りに増加しはじめ、90年代以降急速に増えていく。韓国の国際交流状況は、2015年3月現在、世界73ヵ国1,089都市1,394件であるが、そのうち、中国が563件（姉妹・友好）で最も多くの交流関係を結んでおり、その次が日本195件、

第6章　日韓自治体交流の軌跡と展望――川崎市と富川市の教育・文化交流を中心に

表1　日本の相手国・地域別姉妹提携数（2014年3月31日現在）

順位	国家	都道府県	市区	町村	合計
1	アメリカ合衆国	24	346	70	440
2	中国	37	276	42	355
3	大韓民国	14	114	26	154
		9.9%	9.3%	8.8%	9.3%
4	オーストラリア	6	78	24	108
5	カナダ	1	42	27	70
... 65		以下、省略			
	合計	142	1,225	294	1,661

出所：一般財団法人自治体国際化協会（CLAIR, クレドア）ホームページより作成。
http://www.clair.or.jp/j/exchange/shimai/index.html（アクセス日付：2015.3.11）

アメリカ154件の順である[7]。

　一方、日本は、2014年3月31日現在、世界65ヵ国、1,661自治体（広域・基礎自治体）と姉妹提携を結んでいるが（表1を参照）、そのうち、最も多い相手国はアメリカであり、その次が中国、韓国の順である。韓国は、表1にみられるように、日本が姉妹締結を結んでいる海外の1,661自治体のうち、約1割を占めている。すなわち、日本が韓国の重要な国際交流相手国であるように、韓国も日本の国際交流相手国として大きな比重を占めるのである。

　勝村・朴（2013）は、日韓両国の姉妹都市の締結要因を大きく3つのグループに区分しているが、具体的には、①観光資源や特産物、有形文化財、交通、経済、地域特性の共通点等の有形の要因、②行政協定及び伝統文化行事、伝説、スポーツ、イベント等の無形の要因、③自治体

---

[5]　佐藤智子（2009.9）10頁。
[6]　毛受敏浩（2009.12）5頁。
[7]　전국시도지사협의회 홈페이지（국제교류）（全国市道知事協議会ホームページ（国際交流））、http://exchange.gaok.or.kr/exchange/listTime.action（アクセス日付：2015.3.11）。

第Ⅲ部　市民社会の交流と国家主義の克服

長・公務員、地域市民・民間団体などの人的要因である。その中でも、地域市民・民間団体の交流による要因が最も多くを占めている[*8]ことからもうかがえるように、日韓交流は国や地方自治体だけではなく、市民・民間レベルの交流によっても大いに支えられている。とくに、近年日韓両国の間には政治関係の悪化による対立や緊張関係が続いているが、自治体や地域市民、市民団体、学界などの草の根による交流は相変わらず活発に行われている。

2　川崎市と富川市の教育・文化交流の経緯と特質

（1）川崎・富川市民交流の契機と経緯

　本章では、自治体と地域市民の交流、とりわけ教育・文化交流を中心に友好関係を保ち続けている日本の川崎市と韓国の富川市[*9]との交流に着目し、その成果及び意義を考察することによって、持続可能な日韓友好関係の構築を展望することを目的としている。

　川崎市と富川市は、両市とも首都のベッドタウンであり、工業都市として人口密度も高く若年人口や外国人人口が多いなど、共通点が多い。川崎市の人口は2015年3月現在約146万人で戦後増え続けており、富川市の人口は約88万人で1980-90年代に急増し、2000年代に入ってからは横ばい状態にある。

　川崎・富川市民交流の始まりは、1991年3月から始まった川崎市川崎区桜本商店街と富川市遠美区（ウォンミ）にある富興市場（ブフン）との商店街交流にまでさかのぼる。両市の商店街交流が始まったきっかけは、1980年代末、製造業の海外への移転や大型スーパーの登場等によって、桜本商店街に活気がなくなり、商店街の活性化のために従来相互交流のなかった近くのコリアタウンとも連携して「街おこし」を企画した時に、その一環として韓国の商店街との交流も考えついたのである。その際、川崎市にあるふれあい館に相談に行ったところ、韓国から来ていたカトリック大学（富川市所在）の李時載（イシゼ）教授の紹介で富川市の富興市場との交流を始める

第6章　日韓自治体交流の軌跡と展望──川崎市と富川市の教育・文化交流を中心に

ようになる。両商店街は規模も同じくらいで、両市とも空港から近くに位置している等、地理的にも似ていることから直ちに交流を始めることになる。その後、多様な市民交流を経て、1996年10月21日、「友好都市協定」の締結に至るようになるが、1990年代初め、韓国の研究グループが日本の地方自治や近隣社会組織を調査するために川崎を調査し、また「川崎地方自治研究センター」が韓国研修ツアーを始めるなどの交流も両自治体交流の土台となっている[*10]。

協定締結後、両市職員の交換派遣[*11]をはじめ、美術、音楽、経済、福祉、スポーツ、図書館、児童、青少年等多様な分野において活発な交流が続いている。とくに、両市交流において注目すべき点は、日韓両国間に歴史教科書問題や領土問題などで日韓関係が悪化する中でも、交流が途絶えるどころか、より強固になっていった点である。例えば、2001年に日韓の間で歴史教科書問題が懸案となった時、両市の市民たちが川崎に集まり、「過去を変えるな、未来を変えよう！」というテーマで共同集会を開催したことを契機に、互いの市民社会が抱える課題を協力して解決していこうという目的を掲げ、2003年に両市にはそれぞれ市民交流会（川崎市は「川崎・富川市民交流会」、富川市は「富川・川崎市民交流会」）が設立されることになったのである。両市民交流会は「相互協力協定書」を取り交わし、川崎市民交流会の事務局は川崎地方自治研究センターに置き、富川市民交流会の事務局は「緑の富川21実践協議会」[*12]に置くことになった。2004年11月には両市の市民交流会合同企画として「川崎・富川市民交流会設立1周年記念シンポジウム──東ア

[*8]　勝村誠・朴美淑（2013.2）137頁。
[*9]　富川市はソウル市と仁川市の間に位置しており、ソウル市の衛星都市・工業都市である。近年では、漫画や映画産業にも力を入れている文化都市でもある。
[*10]　小田切督剛（2006）334-340頁。
[*11]　川崎市役所と富川市役所の間の職員交換派遣制度は、1997年8月28日に結ばれた「職員相互派遣協定」に基づく。

ジアに多文化共生社会をつくろう」が川崎で開催されるなど、その後も多様な市民交流が行われ続けている[*13]。

2011年9月、両市の市民交流20周年を記念するシンポジウムが川崎において開かれたが、その場では両市の市民交流の意義を改めて確認するとともに、日韓にとどまらず、東アジアの新たな未来を築いていくための架け橋の役割を果たすことに合意する、次のような交流宣言を行っている。

1. 両市において、草の根民主主義、市民自治、基本的人権を基礎に、差別と排除のない多民族・多文化共生の街づくりを推進する。
2. 日本・在日・韓国の三者交流を実践してきた「川崎・富川高校生フォーラム・ハナ」を支援し、さらに進んで小学生・中学生等次世代の交流事業を計画する。
3. 両市の友好と発展のために、市民と行政との協力により、マンガ・文化・芸術、産業、環境、生涯学習等の政策交流を支援する。
4. 日韓の歴史認識に関わる諸問題について積極的に意見交換し、共通課題を形成するよう努力する。
5. 両市の市民交流にとどまらず、日本と韓国、中国をはじめ東アジアの市民交流の橋渡し役を務める。

なお、上記のような市民交流を基にして締結された両自治体の「友好都市協定」が2016年に20周年を迎えるようになる。その20周年に向けて、すでに両市では官民協働の実行委員会が立ち上がり、定期的に準備会議が行われている。

（2）教育・文化交流を中心とする市民交流

1991年から始まった商店街の交流がきっかけとなり、両自治体は「友好都市協定」を結ぶようになったが、それに前後して様々な市民交流が

第6章　日韓自治体交流の軌跡と展望──川崎市と富川市の教育・文化交流を中心に

次々と展開されるようになる。川崎・富川の交流は、自治体及び市民による教育・文化交流が中心となっている点が最も大きな特徴といえる。例えば、協定締結後の交流活動の中で最も長い歴史を持つ美術交流がその代表的な例である。1996年8月に「川崎・富川─日韓美術交流会」が設立され、その翌月には第1回日韓美術交流展が川崎にて開催される。両市の美術交流は大きく2つあるが、1つは大人の絵画展で隔年相互の国において開催され、いま1つは子ども国際絵画展で毎年開催されている[*14]。美術交流は美術作品を通じての交流が主なので、言語の壁が比較的低く、今日まで持続的な交流が実現できている。2006年には、富川市のもう1つの日本の姉妹都市である岡山市にも参加してもらい、川崎・富川・岡山の美術交流展を開催し、「美術交流を通した東アジアの平和構築」の可能性について考える時間も持ったのである[*15]。

　2つ目の大きな教育・文化交流としては、図書館交流が挙げられる。2006年、富川市の「小さな図書館」から「川崎の図書館友の会」のボランティア活動について知りたいと声がかかったことを契機に、両市の図書館交流は始まる。2007年10月、川崎・富川図書館国際シンポジウムを川崎で開催し、その後両市で交互に開くことになった。2013年7月には「コミュニティと図書館～東日本大震災の経験から学びあう～」というテーマで、日韓草の根図書館交流シンポジウムを開催し、災害時

---

*12　「緑の富川21実践協議会」は、1992年にブラジルのリオデジャネイロで開かれた「国連観光開発会議」の合意と決定に基づき、市民、市政府、企業の三者が環境改善のために、2001年につくった市民参加の新しい組織である。李時載（2006）237-238頁。

*13　川崎・富川市民交流会（2011.9.4）；小田切（2006）343頁。

*14　(特非) 川崎・富川－日韓美術交流会ホームページ、http://kawasaki.genki365.net/gnkk09/mypage/mypage_group_info.php?gid=G0000616（アクセス日付：2015年4月2日）。

*15　부천-가와사키 시민교류회 인터넷커뮤니티（富川－川崎市民交流会インターネットコミュニティ)、http://cafe.daum.net/koryukai（アクセス日付：2015年4月2日）。

の地域社会における図書館の役割について議論し、情報を共有する場を設けたのである。このような図書館交流は、両市の公立図書館及びボランティアグループ、市民交流会、社会教育関係団体、大学関係者などが参加する、官民協働事業として行われている。

　そして、本章で最も注目する教育・文化交流として、「川崎・富川高校生フォーラム・ハナ」（以下、「ハナ」という）という青少年交流活動がある。詳しい内容については次節で検討するが、ハナは2000年から毎年夏と冬に２回の交流会を開催して両市の高校生たちが交流する教育・文化交流である。特定の学校間交流ではなく、あくまでも川崎と富川に住んでいる高校生たちが自主的に参加する活動として、毎回の交流会の企画（テーマやプログラムづくり、参加者募集など）をはじめ、運営、感想文や報告書の作成などまで高校生たちが直接行っている。川崎ハナと富川ハナの高校生たちは月１～２回準備会議を開き、相互意見交換を密接に行いながら、年２回のハナ交流会を作り上げていく。その他にも、川崎・富川ハナではそれぞれ自主的にプログラム研究や学習会等を行っている。

　歴史教科書問題で日韓関係が非常に冷え込んでいた2001年、ハナは交流を中断することなく、むしろフォーラムのテーマを「歴史教科書」（夏ハナ）や「靖国神社」（冬ハナ）とし、一緒に学び合い、語り合うことによって、互いのことを理解し尊重しながら、共通認識を見いだしていったのである。このような取り組み方は、その後の領土問題による政治関係の対立が激化した時にも同様であった。つまり、国レベルでは関係回復の兆しがなかなか見えない問題を、両市の高校生たちが教育・文化交流を通して、日韓友好関係の可能性を見いだしているのである。

　その他にも、現在は行われていないが、スポーツ交流として、両市の職員サークルが剣道とランニングを一緒に行い、また市民と市職員とが一緒に参加して野球とサッカーの交流も行っていた[*16]。また、川崎は、2005年から2010年にかけて計５回の韓国多文化社会研究スタディツアーを実施して、韓国でのシンポジウムに参加し、富川市やその他の多文

化関連団体や施設等も視察しており、川崎地方自治研究センターは1993年から2002年まで10年間毎年韓国スタディツアーを主催し、富川市をはじめ、光州市、独立記念館やナヌムの家、板門店、民俗村など、韓国の歴史に関連する場所を中心に視察していた。富川市も、川崎市の子ども権利条例や各種教育機関の活動を視察するために、川崎を訪問していた。そして、川崎市にあるふれあい館の韓国伝統音楽演奏グループ「パランセッ」が富川市の文化集団を訪問したり、富川市がオンブズマン制度や福祉施策について学ぶために川崎を視察訪問したりするなど、両市の間では様々な交流が行われてきている。交流の中には、両市の相互理解のみならず、相互発展や成長に直接貢献するものも多いが、例えば、1998年に富川市の第2期民選市長として選ばれた元恵栄(ウォンヘヨン)市長は、川崎市のオンブズマン制度を取り入れ、市民運動家をオンブズマンとして採用し、2001年には市民参加の新しい枠組みとして「緑の富川21実践協議会」をつくるなど[*17]、市の市民社会の構築へと一歩前進させたのである。

3　川崎・富川高校生フォーラム・ハナにみる日韓友好の新しい地平[*18]

(1)「ハナ」の誕生と歩み

　2000年8月7～10日、川崎の高校生2人が富川を訪問したことから始まったハナの活動は、2015年に16年目を迎えるまで、一度も途切れることなく、年2回の交流会が着実に行われてきた、川崎・富川交流の中で最も注目に値する活動である。

[*16]　ハナのサポーターであり、川崎市教育委員会職員の小田切督剛氏へのインタビュー調査（2015年3月16日）による。

[*17]　李時載（2006）237頁。

[*18]　第3節の内容は、川崎ハナのサポーターである風巻浩氏（2014年8月27日）及び山根俊彦氏（2014年9月1日）、小田切督剛氏（2015年3月16日）へのインタビュー調査及び提供資料に基づく。

第Ⅲ部　市民社会の交流と国家主義の克服

　「ハナ」は「一つ」という意味のコリア語[*19]で、日韓と南北朝鮮の地域から、日本・在日・韓国という様々な主体が互いの違いを認めつつ、1つの目標を実現していこう、という意味が込められている言葉である。また、ハナが「日韓」ではなく、「川崎・富川」という都市名を掲げているのは、「自分たちを国家単位で分けることはやめよう」という意思を表している。さらに、「フォーラム」は「討論会」という狭義のフォーラムではなく、コリア語でいう「マダン（마당）」つまり広場をイメージしており、体験や認識を共有する場を通じて相互理解を深めていこうという趣旨を表している。

　ハナが始まる直接のきっかけとなったのは、富川高等学校日本研究班の高校生たちが、指導教師が人事異動で富川高校を去ってしまった後、「日本の高校生たちと交流したい」と2000年4月に富川市国際交流チームを訪れ、交流先の紹介を依頼したことである。当時富川市に職員交換派遣で勤務していた川崎市職員を通して、「日韓合同授業研究会」という日本の市民団体のメンバーである教員たちと連絡をとり、2000年8月に「川崎南高校ボランティア・ワーカーズ」の顧問を務める教師の風巻浩氏が高校生2名を同伴して富川を訪問したのがハナの始まりである。

　川崎ハナは基本的に各高校から「個人単位」で自由に参加できる形態をとっており、一方、富川ハナは富川市内にある高校4校の日本文化研究サークルのネットワーク「聯合体・ジャイロドロップ」から選抜されたメンバーで行ってきたが、2008年からは富川市内の高校生全体を対象に、メンバーを募集している。

　ハナがこれまで幾度となく存亡の危機に陥りながらも継続できた大きな理由の1つとして、重層的で柔構造のネットワークをあげることができる。ハナは両市にそれぞれ「川崎ハナ」と「富川ハナ」があり、交流会は毎年8月に富川で「夏ハナ」を、12月に川崎で「冬ハナ」を開催している。毎年2回行われるハナ交流会は、そのプログラムの企画や運営、広報やメンバー募集、報告書作成などを高校生たちが自ら行っているが、その活動が一度も中断されることなく、今日まで続けられたのは、

ハナのOB・OGをはじめ、教員・学校、国際交流関係行政機関、社会教育関係行政機関、NGOなどの多くのサポーターと、市民社会のサポートがあったからである。例えば、2001年に新しい教科書をつくる会の『新しい歴史教科書』（扶桑社）が教科用図書検定に合格したことで、日韓間の交流が次々と中止される中、富川市役所が直前にハナの「延期または中止」を求めてきたが、富川市民連合や富川YMCA市民会などのNGOが富川市長に働きかけ、予定通りハナが開催されたのである。

　ハナは、青少年の国際交流の一形態として国境を越えた地域間交流といえるが、それと同時に日韓だけではなく、在日コリアンも含む三者交流を図るという側面、つまり海外にルーツを持つ市民との多文化共生社会の形成に向けた実践でもある。すなわち、ハナはいわゆる「内なる国際化」の側面も併せ持っているのである。このような趣旨は、2000年12月25日に制定され[20]、4年後に改定された下記の川崎・富川高校生フォーラム・ハナの宣言文「ハナ・アピール」にもよく表れている。しかし、ハナ・アピールについては再検討が必要との意見が継続して出されてきた。特に第4条の「私たちハナは、朝鮮半島の南北問題について、一人ひとりが関心をもち、南北の統一に向けて、意識を高めます」という文章に対して「ハナは日韓交流なのだから適切ではない」という意見があり、2004年12月の第10回交流会（冬ハナ）において川崎・富川ハナ全体で議論して、有志フォーラム「ハナ・アピール第4条を考える」を開催し、第4条は下記の通りに改定された。以下にハナ・アピールの全文を掲載する。

＊19　「韓国語」「朝鮮語」「韓国・朝鮮語」など異なる呼称があるが、2000年12月25日開かれた第2回フォーラム全体討論で在日コリアン学生（当時高校2年生）が「コリア」を使おうと提案し承認されて以来、ハナでは「コリア語」と呼ぶようになったという。

＊20　起案の中心となったのは、川崎ハナの日本人学生（当時高校3年生）と在日コリアン学生（当時高校2年生）である。

「ハナ・アピール」

（2000年12月25日制定、2004年12月25日改定）

（0）私たちハナは、日本人・在日コリアン・コリアンのグループです。
（1）私たちハナは、出会いを楽しみ、互いのわだかまりをなくします。
（2）私たちハナは、日本とコリアンの明かされていない歴史について正しい認識をもち、川崎市・富川市における地域史研究など学習を深めていきます。
（3）私たちハナは、互いの文化や習慣を認め合います。
（4）私たちハナは、朝鮮半島の南北問題と在日コリアンについて関心をもち、南北統一を目指して意識を高め、今自分ができることをします。
（5）私たちハナは、互いの文化や言語について関心をもち、向上心をもって接します。
（6）私たちハナは、難しいことは色々あるけれど、まずは友達になりましょう。

　ハナ・アピールの内容からもうかがえるように、ハナは「日本とコリアン」の歴史についての学習を通じた相互理解とともに、平和な共存・共生関係を目指して毎回「歴史フォーラム」を開いている。歴史フォーラムのテーマは、毎回川崎・富川ハナの高校生たちが協議して決めるが、主として戦争による被害や靖国神社、歴史教科書、慰安婦問題、在日コリアン、独島（竹島）問題など、両国間で激しく対立している内容について調べて議論を行う場合が多い。2008年からは「文化フォーラム」も設けて、両国の食文化やファッション、音楽、お祭り、学校生活、若者のことば、マナーなどの文化交流も行っている。ハナへの参加数は川崎・富川合わせて概ね毎年両市の高校生だけで約20〜30名、OB・OG

や市民サポーターを含むと約50〜60名で比較的小規模で行われている。
（2）「ハナ」の成果と意義——持続可能な日韓友好の可能性

　ハナのスタートを牽引した川崎ハナのサポーターの一員である風巻氏は、富川市高校生たちの「日本の高校生たちと交流したい」という申し出によって、日本人、韓国人、在日コリアンの三者交流としてのハナが活動を開始するようになった当時のことを、「北東アジアの片隅に、小さな光が灯った瞬間だった」[*21]と回顧する。ハナが他の自治体の青少年交流と違うところは、日韓だけではなく、在日コリアンを含む三者交流を通して、戦後長く日韓友好の障害となっている三者間の「わだかまり」を無くし、友好な関係を築き上げるための活動を行ってきている点である。そのために、ハナは、毎回歴史フォーラムを通じて相互理解を深め、国境や国籍等を越える「チング（친구、友達）」になるための努力を重ねてきている。

　1990年代以降日韓交流が増える中、各自治体間の青少年交流も活発となるが、その大半はホームステイやスポーツ交流及び文化交流体験活動などにとどまる場合が多く、その際、青少年は行政や学校等の「大人」の引率や指導に従って参加し、「お客さん」になってしまう場合が多い。それに対し、川崎・富川のハナは、参加者募集をはじめ、プログラムの企画及び運営、評価・反省に至るまで高校生たちの「自治」によって行われており、行政や市民サポーターはその活動を陰で支える程度にとどめている点も、ハナの大きな特徴といえる。そのような取り組みによって、日韓関係が悪化し、市役所や学校等が日韓交流に消極的な姿勢を見せた時も、高校生たちの強い意志と市民社会の多大なる支持によって、「ハナ」の灯りが消えることは一度もなかったのである。

　ハナが残した最も大きな成果としては、相互学習・議論の継続を通じて、それまでの相互に対する先入観を無くし、相互への理解を深めることによって、相互の距離を縮めただけではなく、平和や人権等の共通課

---

*21　風巻浩（2006.7）124頁。

題を認識し、共に目指していくべき日韓友好の新しい地平を見出していることといえよう。例えば、「[川崎ハナOGの：引用者注]裕子が慰安婦のおばあさんたちのことを心にかけているならば、私の心には在日コリアンの友達がいます」と話す、富川ハナOBの南佑鉉(ナムウヒョン)氏は、在日コリアンの高校生たちと交流する中で、在日コリアンの歴史や国籍問題について詳しく知るようになり、南北統一についても改めてより真剣に考えるようになったと語る[*22]。すなわち、「日本‐韓国」、「在日‐日本」、「在日‐韓国」の間にはそれぞれ無関心や情報不足等による相互に対する先入観が根強いが、ハナの三者交流を通して相手に対する先入観や固定観念の克服はもちろんのこと、日韓に限らず、北東アジアや世界の平和や人権等について考えるようになるまで議論が発展しているのである。

　このようなハナの活動は、両市の「大人」の市民交流を導くきっかけとなるという、意図せぬ成果も上げている。川崎ハナは2002年から桜本を拠点とする在日一世の集まり「トラヂの会」を訪問し、在日一世の証言を聞く活動をはじめ、翌年のハナ交流会の際には富川ハナも一緒に訪問したことがある。これを契機として、「トラヂの会」でも富川市に対する関心が高まり、翌年約50人が富川を訪問した。その後、その在日一世の富川訪問を契機として、両市間の様々な分野で交流してきた団体が一堂に集まる「川崎・富川市民交流会」（富川側は「富川・川崎市民交流会」）が、両市にそれぞれ設立されるようになり、それ以後両市の市民交流の主軸を担ってきているのである。

　最後に、ハナのサポーターとして大きな役割を果たしている川崎・富川ハナのOB・OGの活躍も注目できる。青少年交流は主体となる青少年が世代交代し、入れ替わっていくのが一般的であるが、ハナでは、先輩から後輩へその経験が語り継がれ、また日本・在日・韓国の先輩同士の信頼関係を自らが目でみることが次世代の交流の基礎を作っている。また、OB・OGがハナにサポーターとして参加することによって、高校生たちによる「自治」方式がきちんと継承されていることも評価できる点である。2007年からはOB・OGの独自活動をはじめ、別途「OB・

OGフォーラム」も行っている。そして、OB・OGの中から相手国に留学する人たちも少しずつ現れはじめ、留学中に留学先のハナに行って講演やアドバイスを行い、さらには両市の交流イベントやシンポジウム等での通訳や翻訳を担うなど、ハナは市民交流の次世代育成の機能も果たしている。つまり、ハナの活動から持続可能な日韓友好交流の可能性を見出すことができるのである。

おわりに――国家主義を超える市民交流に向けて

　日本の自治体は2000年代に入ると、財政難を抱えるようになり、国際交流にも消極的になる。元川崎市職員で現在「川崎・富川市民交流会」事務局長を務める山田貴夫氏によれば、川崎と富川の間に「友好都市協定」が締結された1990年代の日本は、バブルが弾けたものの、まだ景気はある程度よかったので、自治体の多くの職員たちは多様な研究・研修会や学習会を組織し、活動することができたが、2000年代に入ってからは予算や職員数の縮減によって、夜の学習会や対外活動への参加がますます難しくなりつつあるという[23]。川崎と富川の行政レベルでの主な交流事業としては、両市の職員交換派遣事業のほかに、協定締結10周年、20周年という大きな記念事業の開催などがあり、両市の大半の交流は、草の根の市民社会によって支えられているといえる。

　すなわち、当初川崎・富川両市民の共通の関心が教育・文化だったこともあり、美術・図書館・高校生交流等は10年以上続いているなど、市民レベルでの交流は依然として活発である。このような長年の教育・文化交流によって、相互理解が深まり、両市民の間には政治関係の悪化

---

[22] 「〈인터뷰〉이란주가 만난 사람― '남우현' 중원중학교 교육복지사（〈インタビュー〉イ・ランジュが会った人― '南佑鉉' チュンウォン中学校教育福祉士）」『부천（富川）TOWN』2015年3月3日。http://bc.weeklytown.co.kr/interview/Detail.asp?Code=6002&Serial=32990

[23] 山田貴夫氏へのインタビュー調査による（2014年4月28日）。

に揺れない信頼関係が築かれている。例えば、歴史教科書問題や領土問題で両国間が激しく対立した時にも、相互を批判したり、問題そのものを避けたりするのではなく、むしろ両者が一緒にそれらの問題に向き合い、学び合い、語り合うことで、相互理解及び正しい共通認識を見いだしていったのである。つまり、国家主義を超える日韓交流の実現において、相互の文化や伝統を尊重しつつ、地球市民としての資質や能力を育成する教育・文化交流は欠かせないものであり、持続可能な友好交流のカギとなる交流なのである。ただ、その際の教育・文化交流は、行政支援を受けた大訪問団や姉妹校交流のような形式的な交流ではなく、小規模な取り組みを数多く重ねていくことによって、相互理解及び信頼関係を構築していける交流でなければならない。そのような観点から考えれば、ハナをはじめとする川崎・富川の教育・文化交流は、形式的な交流に陥りがちな自治体間交流の限界を克服するモデルケースとして位置付けることもできるだろう。

　富川ハナのOBとして長年サポーターを務めてきた南佑鉉氏は「国際交流は、多くの困難を乗り越えなければならないけれど、共通の価値観をもって未来を展望できる機会を作ることである」[*24]と述べる。その「共通の価値観」とは、まさにハナのような持続的な教育・文化交流を通してこそ形成されるものであり、そのような取り組みは今後日韓交流においてよりいっそう求められるだろう。

参考文献

李時載、2006、「富川市の生涯学習と市民運動」黄宗建・小林文人・伊藤長和編著『韓国の社会教育・生涯学習――市民社会の創造に向けて』エイデル研究所、234-245。

小田切督剛、2006、「川崎と富川の市民交流と生涯学習」黄宗建・小林文人・伊藤長和編著『韓国の社会教育・生涯学習――市民社会の創造に向けて』エイデル研究所、334-351。

風巻浩、2006.7、「川崎・富川高校生フォーラム「ハナ」と歩んで」『歴史地理教育』

（歴史教育者協議会）No.702、124-127。
勝村誠・朴美淑、2013.2、「日韓自治体交流の効果検証と今後の方向性について——城陽市と慶山市の中学生相互派遣事業を手がかりに」『政策科学』（立命館大学政策科学会）20（2）、135-146。
川崎・富川市民交流会、2011.9.4、「『川崎・富川市民交流20周年記念——日韓市民交流の未来のための宣言文（案）』川崎・富川市民交流20周年記念シンポジウム資料集。
外務省北東アジア課、2015.2「最近の日韓関係」。(www.mofa.go.jp/mofaj/files/000033344.pdf)
言論NPO・東アジア研究院、2014.7、「第2回日韓共同世論調査・日韓世論比較結果」。
佐藤智子、2009.12、「自治体における姉妹都市交流の実践理論」『SRI』（静岡県立大学グローバル地域センター）No.97、10-16。（特非）川崎・富川−日韓美術交流会ホームページ、http://kawasaki.genki365.net
日韓草の根の図書館交流シンポジウム実行委員会、2013.7.12、「コミュニティと図書館〜東日本大震災の経験から学びあう〜」日韓草の根の図書館交流シンポジウム資料集。
毛受敏浩、2009.12、「グローバル時代の自治体の国際化戦略への提言」『SRI』（静岡県立大学グローバル地域センター）No.97、3-9。

【韓国語文献】
부천−가와사키 시민교류회 인터넷커뮤니티（富川−川崎市民交流会インターネットコミュニティ）。 http://cafe.daum.net/koryukai
전국시도지사협의회홈페이지（국제교류）（全国市道知事協議会ホームページ（国際交流））。 http://exchange.gaok.or.kr/exchange/listTime.action
「〈인터뷰〉이란주가 만난 사람−'남우현' 중원중학교 교육복지사」『부천TOWN』、2015.3.3。
（〈インタビュー〉イ・ランジュが会った人−'南佑鉉'ジュンウォン中学校教育福祉士」『富川TOWN』）。 http://bc.weeklytown.co.kr/interview/Detail.asp?Code=6002&Serial=32990

【謝辞】
本章の執筆にあたり、川崎・富川市民交流会事務局長の山田貴夫様をはじめ、「川崎・富川高校生フォーラム・ハナ」のサポーターを務めておられる山根俊彦様、風巻浩様、小田切督剛様、そして川崎ハナの現役及びOB・OGの皆様には、インタビュー調査及び資料提供、準備会議への参観等で大変お世話になりました。この場を借りて、心より深く感謝申し上げます。

＊24　注21）と同じ。

第7章
日韓市民団体・労働団体の交流とその成果

李　旼珍
(イ　ミンジン)

はじめに

　韓国の民主化や持続的経済成長は1990年代以降日韓関係の構造変容をもたらした。木宮正史（2007）は、日韓関係の構造変容として3つの点を挙げる。第1、日本と韓国の政治経済体制の接近と基本的な価値観の共有。日本は戦後民主化により体制としての民主主義が定着したのに対し、韓国は長期独裁の非民主主義的な体制が続いたことで、日本と韓国の間には体制における大きな違いが存在した。しかし、1980年代半ば以降の韓国の民主化と1990年代以降の冷戦の終焉、市場経済のグローバル化という条件の変化の中で、日韓の間には市場原理と民主主義という体制規範をめぐる価値観を共有するという新たな状況が成立した。
　第2、日本と韓国のパワーの相対的均衡化。日本と韓国の間の国力不均衡は、戦後も形式的な主権国家としての平等性が確保されたにもかかわらず持続した。1980年代までは、韓国経済が発展したとしても、日本経済への従属構造が持続しているにすぎず、日韓の力関係は縮まらないのではないかという悲観論が、韓国社会では優勢であった。しかし、その後の日本と韓国の経済関係をみると、日本と韓国の力関係は縮まる方向にあり、均衡の取れた関係へ変容していく趨勢にあるという認識は、日本と韓国の間で共有されている。ちなみに、1980年以降30年間の日本と韓国の成長ぶりを比較すると、1980年に名目GDPは日本が1兆870億ドル、韓国が644億ドルで、その差は16.9対1だったのに対し、

2014年に名目GDPは日本が4兆8,463億ドル、韓国1兆3,079億ドルでその差は3.7対1に縮まった。この間、日本は4.5倍、韓国は20.3倍の経済成長を果した（加藤 2014）。

第3、ほぼ排他的に政府間関係に独占されてきた日本と韓国との関係が、市民社会間の関係を含むことで、多層化したこと。1990年代以降、韓国で「経済正義実践市民連合」や「参与連帯」「環境運動連合」など多くの市民社会団体が設立され、市民運動が盛り上がり、日本の市民運動との交流も増大した。また韓国政府の対日文化開放政策の実施に伴い、日本の漫画・アニメや小説をはじめとする日本文化が韓国において人気を集めるようになっただけではなく、日本においても「K-POP」や韓国ドラマなどの「韓流」が世代を問わず幅広く受け入れられるようになった。さらに、両国間の人の往来は、2005年には1日約1万人以上の移動があり（『平成17年外交青書』）、従来日本から韓国への移動が圧倒的に多かった不均衡な日韓間の人的交流も、多様で均衡のとれたものとなった。

本章は、日韓関係の構造変容のうち、市民社会間の関係に焦点を合わせ、日韓市民社会間の交流がどのように行われ、持続し、どのような成果を生み出しているかについて考察するものである。本章では日韓市民団体・労働団体間の交流について環境運動、反核・平和運動、地域運動・労働運動に分けて考察する。またこれらの運動を行っている韓国市民団体・労働団体へのインタビューを通して、韓国市民社会からみた日本市民社会の姿、交流の意味合いについても考察する。

1　研究方法及びインタビュー事例の概観

2014年9月1～4日に韓国の「環境運動連合」、「参与連帯」、「希望製作所」、「韓国労総」、「全国不安定労働撤廃連帯」を訪問し、各組織の日本との交流に関係する活動家（幹部級）[*1]にインタビューを行った。本章では、インタビュー内容と各組織の発行する情報誌や活動報告書に

第Ⅲ部　市民社会の交流と国家主義の克服

基づき考察するが、韓国の市民社会組織と交流する日本の市民社会組織に関する情報は日本の市民社会組織のHP（ホームページ）から主に得ている。

　インタビューした韓国の市民社会組織の概観は以下の通りである。

　「環境運動連合」は、1993年4月に「公害追放運動連合」（1988年設立）など全国の8つの環境団体が統合して誕生した全国的環境団体である。6つの分野、①脱核・エネルギー・気候変化、②水・河川、③国土・湿地・海洋、④生命安全、⑤国際連帯、⑥環境政策で活動している。傘下に50の地方組織と、環境運動の専門性と大衆性を高めるための専門機関（市民環境研究所、環境法律センター、月刊誌「共に生きる道」、エコ生協、市民環境情報センター）と協力機関（気候変化行動研究所など）がある。2002年より世界3大環境団体の1つである「地球の友」に加入している。2013年に創立20周年を迎え、「環境運動連合」は生命、平和、生態、参加を新しい価値としている。会員数は、約4万（2014年8月時点）である。

　「参与連帯」は、1994年9月10日に、200名あまりの市民が集まり、〈参加する民主主義社会〉の実現のために設立した、韓国の全国的市民団体である。主な活動として、①権力監視活動（議会、司法、行政、企業に対する監視活動）、②政策及び代案提示活動、③労働・市民社会団体や国際団体との連帯活動、④「参与連帯」の運営に市民の参加を促進する活動や参加民主主義を実現するための市民教育活動を行う。こうした活動を推進するため、11の活動機構（民生希望本部、労働社会委員会、社会福祉委員会、経済金融センター、租税財政改革センター、平和軍縮センター、国際連帯委員会、議会監視センター、司法監視センター、行政監視センター、内部告発支援センター）を置いている。「参与連帯」は、地域支部を置かない、政府支援金を受けない、会員の会費で運営することを原則としている。2014年12月現在、会員は15,032名である。

　「希望製作所」は、2005年8月より設立のための準備をし、2006年2月の創立発起人総会を経て、3月27日に創立された。現ソウル市長の

第7章　日韓市民団体・労働団体の交流とその成果

朴元淳氏（パクウォンスン）が設立にかかわり、2009年まで常任理事としてつとめた。「希望製作所」は、市民と共に社会革新を実践するTHINK & DO TANKを目指している。「希望製作所」は、核心価値として、独立（政府や企業から独立）、参加（市民のアイディア提案・後援・活動参加）、現場（解答は現場にある）、地方（地方は国家の中心）、実用（抽象的な論争ではなく、研究と実践を並行）、代案、総合（ミクロ・各論的な解決方法を再構成）を掲げ、地方と中央が均等に発展し、市民の多様なアイデアが実現でき、退職者が公共分野で自身の能力を発揮でき、社会的経済と生態系が豊かになり、現場に基づいた教育を通じて革新的な公共リーダーが増えることを希望する。この希望を実現させるため、6つのセンター（社会的経済センター、ルーツセンター、シニア社会貢献センター、教育センター、社会革新センター、共感センター）を運営している。ほかに、「希望製作所」は牧民官クラブ[*2]の事務局をやっており、自治体首長を含む公共リーダーの海外研修を企画・実施する「旅行社公共」を運営している。2013年12月末を基準に、後援会員は約6,200名、会員の後援金や寄付金の財政に占める割合は43.5%となっている。

「韓国労働組合総連盟（韓国労総）」は、1961年8月に結成された労働組合のナショナルセンターである（当時傘下には16産別労組と1合同労組）。1995年民主労総の結成により、韓国の2大ナショナルセンターのうち1つとなった。2013年12月現在、韓国労総の組合数は2,313組合、

[*1] インタビューした方々は以下の通りである。
　　環境運動連合のK国際交流局長、参与連帯のP協同事務局長、希望製作所のY企画理事、韓国労総のL政策本部室長、全国不安定労働撤廃連帯のU事務次長。この場を借りて、インタビューに協力していただいた方々にお礼を申し上げたい。
[*2] 牧民官（モッミンガン）クラブとは、2010年地方選挙で当選した地方自治体の首長50名が9月7日に設立した勉強会である。牧民官クラブは政党と地域を超える超党派の集まりであり、各自治体で生活政治を実現し、幸福な地域社会を作ることをめざし、政策を研究・開発し、経験を相互交流する。2012年末57の自治体の首長が会員として加入している。希望製作所、2012、「2012 Annual Report」より。

組合員数は819,755名で、全組合員の44.4％を組織している。

「全国不安定労働撤廃連帯」は、2002年に〈不安定労働撤廃運動〉を自分の問題とする同志の連帯組織として設立された。非正規労働者、零細事業所に勤めている労働者、女性労働者、失業者、障がい労働者、移住労働者などの不安定労働者層の労働問題を公にし、不安定労働者の労働権や生活権を勝ち取るため闘うこと、不安定労働を量産する新自由主義に反対する闘争を行うこと、新自由主義に反対する世界の労働団体と国際的に連帯することを掲げている。

2　日韓市民団体・労働団体の交流の現在と交流の諸相

（1）環境運動における交流（環境連帯運動）

環境運動における日本と韓国の市民社会団体間の交流と連携は、公害問題、環境被害救済と予防、環境情報共有、環境教育、生物多様性保全、気候変動危機など多様なイシューと関連して行われてきた。ここでは、特に生物多様性保全、気候変動危機、環境情報共有に取り組む日韓市民社会団体の交流と連携について見てみる。

東アジアの生物多様性保全に向けた日韓市民社会団体の連携は、湿地保全、干潟保全などに取り組む日本と韓国の市民社会団体が交流を続けてきたことが基盤となった。日本のNGOや個人は、経済成長の過程で湿地が開発され工場用地や住宅地などに姿を変えていき、多くの湿地が失われたことを受け、湿地を守る市民運動を繰り広げた（ラムサールCOP10のための日本NGOネットワーク　2008）。日本は1980年にラムサール条約[*3]締約国となり、1993年には東アジアで最初にラムサール条約締約国会議（COP5）を開催した。さらに2005年の会議では「登録地倍増」を果たし、その中で初めて水田が登録されたことで、アジア特有の湿地環境に光を当てた（辻　2007）。しかし、日本の最大の干潟、諫早湾－有明海の破壊は止まらず、重要な湿地が保全されない状況にNGOの間で懸念が高まった。日本のNGOは、日本の湿地政策が他のアジア諸

国に与える影響は極めて大きい、また2008年に韓国で開催されるラムサールCOP10の日本の湿地保全への影響も無視できないので、ラムサールCOP5の開催国日本とラムサールCOP10開催国韓国との協力が必要であると考えた[*4]。

一方、韓国は1997年にラムサール条約締約国となり、2007年まで7ヵ所が条約湿地として登録されていた。だが、韓国最大の干潟、セマングムは大規模国策干拓事業[*5]によって湿地保全に取り組む日韓NGOにとって大きな懸案事項となった。2006年に潮受け堤防が閉め切られて消失の危機にさらされたからである。また韓国NGOのほうに、ラムサールCOP10の開催を控え、COP5を経験した日本のNGOに学びたい気持ちが強かった（辻 2007）。そこで、日韓の湿地保全に取り組むNGOは、2007年に両国の湿地が置かれた厳しい状況を日韓のNGOがどう協力して切り開くかということについて考える第1回日韓NGO湿地フォーラムを東京で開催した[*6]。第1回フォーラムは、「COP10を契機とし

[*3] ラムサール条約とは、特に水鳥の生息地として国際的に重要な湿地に関する条約（The Convention on Wetlands of International Importance especially as Waterfowl Habitat）である。特に水鳥の生息地として国際的に重要な湿地及びそこに生息・生育する動植物の保全を促し、湿地の適正な利用を進めることを目的として、1971年2月2日、イランのラムサールで開催された「湿地及び水鳥の保全のための国際会議」において、本条約が採択された。外務省HPより。www.mofa.go.jp/mofaj/gaiko/kankyo/

[*4] 湿地を保護し賢明な利用を行うことを目指している環境NGOや個人は、ラムサールCOP10会議や「世界NGO湿地会議」に参加し、湿地保護に活用するため、期間限定（2008年3月～2009年5月）で「ラムサールCOP10のための日本NGOネットワーク」を設立した。

[*5] セマングム干拓事業（1991年に着工、2011年完工）は全羅北道の群山（グンサン）と扶安（ブアン）の間を33kmにわたる潮受け堤防で連結して農地を造成する事業であるが、環境団体はセマングム干拓事業が生態系を破壊する事業であると捉え、干拓事業の中止を求める訴訟を提訴した。しかし、2006年3月に韓国の最高裁判所は原告敗訴の決定を下したので、干拓事業は継続された（金海蒼 2006）。

[*6] フォーラムに韓国から14名、日本側も50名が参加した（辻 2007）。

て東アジアの「健全な湿地、健康な人々」の再生を目指す宣言」を採択した。この宣言文には、「日韓両国は東アジアにおける締約国の中で主要な国でありながら、湿地の賢明な利用に反する事業を中止することができず、国際的に重要な湿地の破壊を継続している。（省略）ラムサールCOP10を契機として東アジアにおけるこれ以上の干潟の干拓や埋め立ての中止と「健全な湿地、健康な人々」の再生を目指して、NGOの立場から様々な問題提起と要請行動をラムサール事務局、日韓両国政府をはじめ各締約国、関係諸機関に対して行い、（省略）両国が手を携えて全力を尽くしていくこと」を確認している（日本湿地ネットワーク 2007）。第２回日韓NGO湿地フォーラムは韓国で開催されたが、その後も日韓の湿地保全に関する情報交換や活動提携のための会合は継続されている。2014年、第９回日韓NGO湿地フォーラムは、同年韓国の平昌(ピョンチャン)で生物多様性条約第12回締約国会議（CBD／COP12）が開催されることに合わせて、その枠組みを拡大し、日本の「ラムサール・ネットワーク日本」「UNDB市民ネット」と韓国の「湿地NGOネットワーク」「CBD／COP12市民ネットワーク」との共催で、「CBD／COP12に向けた日韓NGOミーティグ」として実施された。このミーティングは、これまで湿地保全に向けた日韓NGOの交流が続けられたことによって実現されたのである。「UNDB市民ネット」は韓国NGOとのつながりがなかったため、韓国NGOとの交流を続けてきた「ラムサール・ネットワーク日本」の力を借りて開催できたという（www.ramnet-j.org/）。

　日韓環境NGOの協力は湿地保全のためだけではなく、干潟保全のためにも行われた。1999年に日韓共同干潟調査団[7]が結成され、2000年５月から本格的な調査活動を開始した。調査の目的は、日韓両国の干潟を知り、現地での調査データに基づいた科学的な政策提言を行うことによって、日韓の干潟の保全を目指すものであった。干潟調査団は、水鳥・底生生物・干潟文化の３班に分かれて活動したが、特にセマングム干拓予定海域を重点的に調査した。日本と韓国で20回以上の干潟調査を行い、３冊の報告書を出版し、14回のシンポジウムを主催した（元鍾

彬・佐藤慎一 2008)＊8。

　「環境運動連合」の地方組織の1つである「順天環境運動連合」はラムサール条約湿地として登録された順天湾に季節ごとに渡来する丹頂鶴などの水鳥に生息地と中継地を提供するなどの保護活動を行っている＊9。鶴は、シベリア地方から中国を南下し韓国に渡り、さらに南下し日本に渡来することから、順天市は日本の鶴の渡来地である鹿児島県の出水市と交流をしている。「順天環境運動連合」は、出水市の住民や農民たちが鶴の保護活動をしているという話を聞いて、鶴の保護には農民の協力が必要なので、順天市の農民を出水市に連れていった＊10。日本の出水市と韓国の順天市は鶴の生息と関係のある地域、シベリア地方や中国の黒竜江省と恒常的な協力関係を結ぶ予定であるという。

　上でも言及したが、日本と韓国の市民社会団体は連携して、両国政府に対し、生物多様性保全のための具体的かつ実質的な措置をとるよう要請活動をしてきた。CDB／COP12（2014年に韓国平昌で開催）の準備及び生物多様性保全のために、韓日NGOは2013年に韓国釜山でミーティ

＊7　日韓共同干潟調査団は、日本湿地ネットワーク（JAWAN）の創立時の共同代表の一人であった故山下弘文を中心に結成され、トヨタ財団市民社会プロジェクト助成を受けて、調査活動を開始した（元鍾彬・佐藤慎一 2008）。
＊8　これらの活動が評価され、日韓共同干潟調査団は2005年11月に毎日新聞・朝鮮日報から「日韓国際環境賞」を受賞した（元鍾彬・佐藤慎一 2008）。
＊9　順天湾を積極的に保護するために順天市と「順天環境運動連合」はMOU（Memorandum of Understanding：合意書）を締結し、民・官協力体制を強化した。
＊10　鶴の生息には餌である穀物やゴカイが必要である。そのためには農地や湿地が必要であることを農民に理解してもらうために、「順天環境運動連合」は農民と話し合い、また農民に有機農業を進めるよう説得した。結果、鶴が順天市に来ることになったという。2014年1月に順天市の住民が出水市を訪問したが、出水市の住民も鶴を見に順天市に来るという。「環境運動連合」の国際交流局長とのインタビューより。
＊11　主な参加者は、日本では「UNDB市民ネット」「ラムサール・ネットワーク日本」、韓国では「グリーンコリア」「環境運動連合」である。

ングを持ち*11、共同声明書を出した（jcnundb.org）。この声明の中に、日韓NGOは、日本政府が2010年名古屋で開催されたCBD／COP10において、NGO（生物多様性条約市民ネットワーク：CDB市民ネット）の提案を受けて締約国に対し、2011年から2020年までの10年間は重点的に生物多様性の問題に取り組むことを提案し、国連総会で議決された「国連生物多様性の10年」を市民社会団体と協力して推進する*12など、国際社会の生物多様性増進に向けた実践に大きく寄与したことと、韓国政府が生物多様性条約のよき模範となることのできるようCBD／COP12を準備していることに歓迎の意を表し、日本と韓国の両国政府が今後も国際社会の模範となってくれることを要請している。この声明の中には、両国における原発の段階的な廃止と生物多様性に配慮した再生エネルギー中心の政策への転換をも要請している。

「環境運動連合」のK局長によれば、CDB／COP12の開催を契機に、韓国の環境市民諸団体はこれまで湿地、鶴、朱鷺、干潟などの各分野に分かれてやってきた生物多様性への取り組みを包括的に行うことにし、日本のCDB市民ネットのように「CDB韓国市民ネットワーク」を発足させたという。

さて、気候変動問題に関して、日韓の市民社会団体は「気候行動ネットワーク（Climate Action Network）」という90ヵ国以上・850もの環境NGOからなるネットワーク組織に参加し交流活動をする一方で、東アジアの気候変動問題について話し合う「東アジア気候フォーラム」を2010年より開催している。このフォーラムは、2010年韓国の光州（クァンジュ）で開催された第5回東アジア環境市民会議*13に気候変動問題が取り上げられたことがきっかけで、開催された（山崎 2011）。日本、中国、韓国の環境NGOは、気候変動対策には世界の温室効果ガス排出量の25％を占める東アジア3国の連携・協力が不可欠であると認識し、温室効果ガスの削減に向けた「東アジア気候行動ネットワーク」を発足させた。2011年東京で行われた「東アジア気候フォーラム」は、3.11東日本大震災後の福島第一原発事故を踏まえて、気候変動対策における原子力エネ

ギーの位置を再考するフォーラムとなった。フォーラムでは、福島原発事故について現地からの報告と原子力エネルギーの安全性や再生可能エネルギーへのシフトの課題についての議論が行われた。フォーラムに参加した日中韓のNGOは、今後、「東アジア気候行動ネットワーク」として日中韓の市民が参加しやすい具体的な共同アクションを検討していくほか、環境NGO間の情報共有とコミュニケーションを深めることに合意した（廣瀬 2011）。「東アジア気候フォーラム」の第3回は2013年に中国の広州で、第4回は2014年に第1回開催地である韓国の光州で開催された。「第4回東アジア気候フォーラム」では、脱原発のセクションも設けられ、台湾の活動家から脱原発活動の報告があった。参加者一同は、韓国、日本、中国の気候変動、環境、エネルギー活動の経験を共有し、より活発な活動の必要性を共感したうえ、共同宣言をまとめた。共同宣言は、日中韓政府の指導者に「法的拘束力のある削減合意と野心的な削減目標の設定」と、「気温上昇をセ氏2度以下に抑えるという国際的な流れに積極的に参加し、先頭に立つこと」「東アジア各国が「脱原発政策」を受け容れること」（桃井 2014）を要望している。「環境運動連合」のKさんによれば、第4回東アジア気候フォーラムの開催の準

---

*12　日本では、「国連生物多様性の10年」を推進するために政府、NGO、企業などの立場の違いを超えて取り組む組織として「国連生物多様性の10年日本委員会」が結成され、またNGOや市民の立場から取り組むものとして「国連生物多様性の10年市民ネットワーク（UNDB市民ネット）」が結成された。

*13　日中韓の環境NGOは、2002年より共同で2年に1回「東アジア環境市民会議」を開催している。中国大陸における水汚染に日本や韓国の企業も何らかの形で関わっている。「東アジア環境市民会議」では、東アジア地域における水汚染による環境問題や健康被害などをテーマに日中韓の市民やNGOの環境協力について議論する。東アジア環境情報発伝所のHP（www.eiden-j.org）より。

*14　前身の「気候フォーラム」は地球温暖化防止京都会議（COP3）を成功させるために活動した市民団体である。日本の温暖化対策への機運を高め、COP3での京都議定書の合意に貢献した後、「気候ネットワーク」（1998年設立）にその役割を引き継いで解散した。www.kikonet.org/

第Ⅲ部　市民社会の交流と国家主義の克服

備に日本の「気候ネットワーク」*14が手伝いをした。また日本の「気候ネットワーク」は韓国の環境NGOが国際会議に参加できるよう支援を行った。一例として、「環境運動連合」のKさんによれば、1998年にアルゼンチン・ブエノスアイレスで開催された気候変動枠組み条約第4回締約国会議（COP4）に韓国の環境活動家が参加できるよう、旅費などの費用を負担した。

　日本と韓国の環境市民団体間の交流は、環境情報の発信・共有にも及んでいる。韓国の「環境運動連合」、日本の「東アジア環境情報発伝所」（2000年12月に設立）、中国のNGO（環境友好交易協会）は各国の環境情報を3言語で発信・共有することで、お互いの国のことを深く知り、活動につなげていきたいと考え、インターネットを利用して情報・経験を共有する日中韓環境情報共有サイト"ENVIROASIA"を2002年に開設した。「環境運動連合」はHPにて、"ENVIROASIA"について「民間レベルで新しい国際連帯・疎通方式を模索し、試みた。インターネット機能を積極的に活用し一般市民らに常時環境情報を伝達する」と述べている（kflem.or.kr/）。

　お互いの国の環境実態を知る活動は、インターネット上の環境情報の発信にとどまらず、スタディツアーの形でも行われる。「東アジア情報発伝所」は韓国や中国へのスタディツアーを実施する。2004年に「韓国の環境運動最前線を行く！」という環境ツアーを実施し、ソウルに活動拠点を置く多くのNGO訪問、核廃棄物処理場の誘致問題を抱えている扶安郡（ブアン）を訪問し誘致に反対する住民の話をヒアリング、韓国有数の自然保護地であるセマングム干潟にて生態調査参加などを行った。「環境運動連合」のK局長によれば、「環境運動連合」もスタディツアーを実施することを検討している。

（2）反核・反原発運動及び北東アジア平和構築のための交流

　反核・反原発運動における日本の市民社会団体と韓国の市民社会団体との交流は、「ノーニュークス・アジアフォーラム（NNAF）」の結成を

通じて、深まっていった。

　「NNAF」は、1992年ブラジルの地球サミットの開催前に横浜で開催されたアジア・NGOプレフォーラムで、韓国の「反核資料情報室」の金源植（キムウォンシク）さんからアジアの反核フォーラムを作ろうという提案があり、その第1回を日本で開催してほしいという呼びかけによって発足された(japan.nonukesasiaforum.org)。この呼びかけに応え、日本では賛同・呼びかけ人が1,354人、賛同団体177団体に及ぶネットワーク型実行委員会が生まれ、1993年に第1回フォーラムが日本で開催され、アジア7ヵ国（韓国、台湾、フィリピン、インドネシア、タイ、マレーシア、インド）から30人が参加した*15。アジアの反核・反原発運動のネットワークづくりの第1歩が踏み出された。第2回フォーラムは、韓国で開催され、参加者たちは廃棄物処理場建設反対運動や原発増設反対運動が行われている地域を訪問し、現地の住民と交流した。2011年は、福島原発震災後に、アジアの人たちが福島原発事故について学びたいという強い希望から、フォーラムは日本で緊急開催された。「NNAF」日本事務局は、アジア各国の仲間が福島の人々の声を聞き、学び、それぞれの国における脱原発をさらに推し進めるために来日を切望しており、この機会に福島原発の真実を広くアジアの人々に伝え、アジア諸国への原発輸出を止めるために、連携を強化する機会にしようと表明した（www.nonukesasiaforum.org/jp）。このフォーラムに、韓国から「参与連帯」をはじめ9団体の14名が参加した。2012年は、韓国でフォーラムが開催された。

　「NNAF」を通じて交流をしながら、日本と韓国の反原発市民社会団体は、両国がアジアの中でも国策として原子力発電を推進していることから特に連携が必要であると考え、2006年に「韓日反核フォーラム」を韓国で開催した。このフォーラムでは、北東アジア非核化のための韓

　＊15　韓国参加者は、アジア反核フォーラム設立の提案者である金源植さん、「青い韓半島を取り戻す市民の会」の金斉南（キムゼナム）さん、「安眠（アンミョンド）島核廃棄場反対闘争委員会」の田在鎮（チョンゼジン）さんを含め9名であった。japan.nonukesasiaforum.org

日反核運動の課題について討論し、北朝鮮の核実験についても意見交換が行われた。日韓市民社会団体は、フォーラムを総括し、▽北朝鮮の核実験と六ヶ所村再処理工場のプルトニウム生産、日本と韓国の右翼勢力の核武装論に対する糾弾、▽原発の新増設への反対と原子力中心のエネルギー政策転換の要求などを盛り込んだ宣言をまとめ、持続的な連帯と交流活動を通じて核なき世界の実現のため努力することを確認した（「ノーニュークス・アジアフォーラム通信」No.83）。「韓日市民社会反核フォーラム」は2010年に韓国でまた開催された。

「参与連帯」は北東アジアの非核化を目指して、2002年北朝鮮の核問題が浮上した時より北朝鮮の核実験や核兵器計画に反対する立場、また日本と韓国の原発の使用済み燃料の再処理によるプルトニウム生産に反対する立場をとった。「参与連帯」は、日本の原子力発電所の再処理委託によりフランスで再処理された核燃料棒（使用済み燃料棒から取り出されたプルトニウム）が2007年に青森県の六ヶ所村に搬入されることに反対する他の市民社会団体（「緑色連合」など）と一緒に日本大使館の前で核燃料再処理反対の集会を開き、要望書を手渡した。

北東アジアの非核化や平和構築のための日韓市民社会団体間の交流は、GPPAC[16]東北アジア・ネットワークを通じても行われた。GPPACの日本事務局は「ピースボート（PEACEBOAT）」で、韓国事務局は「参与連帯」である。2006年10月9日に北朝鮮が核実験を行ったことに対し、GPPAC東北アジア・ネットワークは、「東北アジア市民は、（省略）北朝鮮の核実験をつよく批判します。（省略）わたしたちは、（省略）対話と交渉に基づく解決を図ろうとしている政府や市民社会の努力を支持します」という声明を10月13日に出した（www.peaceboat. org/info/gppac/statement/061013）。またGPPAC東北アジア・ネットワークは、「地域行動計画2006-2010」を作成し、東北アジアにおける紛争予防を促進するための連帯行動（目標1）、紛争予防に向けた信頼醸成プラットフォームの強化（目標2）などの5つの目標を立てて、行動することにした。目標1の行動として、日本国憲法9条が地域平和を促進する不

可欠な要素の１つであるとの共通認識があり、2008年に「ピースボート」と「参与連帯」は連帯して東京で９条世界会議を開催した。目標２の細部目標には歴史認識と過去の克服、東北アジアにおける領土問題が入り、歴史認識と過去の克服に向けての具体的行動として、東北アジア学生・教師フォーラム、３ヵ国歴史副教材の東北アジア地域での活用促進、ジャーナリスト・平和活動家・議員のトレーニング・ワークショップ開催を挙げている。「参与連帯」のＰ局長によれば、「ピースボート」をはじめ日本の市民団体・平和活動家と領土問題に関して議論し、領土問題は軍事的手段で解決されてはいけない、民間レベルで解決をすべきであり、平和地帯にする、ということが話し合われた。

「参与連帯」をはじめ韓国の市民社会団体は日本の市民社会団体の主催する反核平和運動に参加している。2003年参与連帯のビキニ・デー[*17]参加以来、韓国の市民社会団体はほぼ毎年ビキニ・デーに参加している[*18]。2003年のビキニ・デーに参加した「参与連帯」の２人の活動家は、「韓国の平和運動はまだ誕生してからそれほど歴史がありません。（中略）韓国の市民社会運動にかかわる人々は、朝鮮半島の平和は東北アジアの平和なくしてはあり得ないことをよく知っています。「東北ア

---

*16 GPPAC（Global Partnership for the Prevention of Armed Conflict：武力紛争予防のためのグローバルパートナーシップ）は、2001年、国連のアナン事務総長が紛争予防における市民社会の役割が大切だと言い、紛争予防に関するNGO国際会議の開催を呼びかけたことに応えて発足したプロジェクトである。紛争予防や平和構築に関する国際的な世論形成と政策提言を行っている。GPPACは、世界15の地域プロセスに分かれ、それぞれの地域でアジェンダを設け、行動計画を立てながら活動に取り組んでいる。www.peaceboat.org/info/gppac/index.shtml

*17 1954年3月1日未明に行われたアメリカのビキニ島での水爆実験による犠牲者を追悼し、核兵器廃絶への決意をあらたにする機会として毎年3月1日、ビキニ・デーに静岡を中心に全国規模の集会や行進が行われている。

*18 2006年に「平和市民連帯」、2007年に「平和づくり」や「前進」、2008年に「平和ネットワーク」、2010年に「進歩新党」、2012年に「平和ネットワーク」、2013年に「平和共感」、2014年に「参与連帯」、などが参加した。

ジア共同の家」(和田春樹氏の提唱)なくしては、朝鮮半島には平和も再統一もあり得ません。韓国で今行われているキャンドル抗議集会(2人の女子中学生を轢殺した米兵2人が軍事法廷で無罪とされたことに対する抗議集会：引用者注)は、新しい平和運動であり、(中略)この地域に協力と相互尊重に満ちた社会を作ろうとする運動です」とメッセージを送った(www.antiatom.org/page/index.php?id=14)。また「参与連帯」をはじめ韓国の市民団体は原水協(原水爆禁止日本協議会)や原水禁(原水爆禁止日本国民会議)の主催する原水爆禁止世界大会・平和行進に参加している。

(3) 地域運動・労働運動における交流

　韓国の地方自治制度は1991年に復活し施行されたので、地方自治の歴史は短い。また60年代以降の経済成長の過程で中央集権的発展が進んだため、ソウルを含む首都圏にあらゆる資源が集中し、首都圏と地方との格差が大きい。こうした韓国と比べると、日本は地方自治の歴史が長く、地方分権が進展した国といえる。韓国の地域問題や地方再生に取り組む市民社会団体からみて、地方自治の歴史の長い日本は研究するに値するよい事例である。韓国の「希望製作所」は、日本の地域コミュニティや地域再生、民間ガバナンスの諸事例をベンチマーキングしてきた。「希望製作所」は、日本のまちづくりに取り組むNPO訪問と地域現場ツアー、まちづくりや社会的企業(あるいはコミュニティ・ビジネス)に関する韓日カンファレンスやシンポジウムの開催、日本と韓国のまちづくりオーガナイザーや社会的企業活動家間の人的交流などを行っている。「希望製作所」の活動報告書から、「希望製作所」が日本の市民社会団体と交流した活動を年度別にリストアップすると以下となる。

2006.4.23　　　日本まちづくり団体訪問
　　　7.23　　　日本シンクタンク訪問
　　　11.21　　　韓日カンファレンス　「まちづくり支援制度の現況と課

		題」開催
2007.5.25		日本のまちづくり関連叢書(全5巻)出版記念会
6.30		地域リーダーアカデミー日本研修
2008.4.22		日本の公共デザイン現場ツアー
8.22		韓日社会的企業シンポジウム
2009.4.		第1回社会的企業韓日フォーラム「韓日社会的企業現況と両国の社会的企業ネットワーク構築」開催
5.13		「21世紀日本 住民参加型地域デザインを語る」講座開催(講師:藤原惠洋[*19])
10.30		ソーシャルデザイナー韓日ワークショップ開催
2010.1.28		第2回社会的企業韓日フォーラム「社会的企業はいかに社会を変えられるか、社会的企業の自立は可能か」開催
11.3		韓日フォーラム「地域活性化における持続可能な代案、コミュニティ・ビジネス」開催
11.17-20		第3回社会的企業韓日フォーラム「青年社会的企業家韓日交流プログラムPROJECT:YOUNG CHALLENGE」開催
12.15-16		アジア未来フォーラム「東アジア社会的企業のパートナーシップ」の共同開催
12.17		講演会「社会的企業家と持続可能な発展」(講師:谷本寛治[*20])開催
2011年		韓国社会と日本社会について討論する「HOPE MAKER'S SEMINAR」を5回開催、韓日青年交流イベント「希望の種を探して」を5回開催
2.17		韓日公開シンポジウム「社会的企業による持続可能なま

───────────

[*19] 藤原惠洋氏は建築学者、まちづくりオルガナイザーであり、現在、九州大学大学院教授である。

[*20] 谷本寛治氏は2005年~2009年にNPO法人「ソーシャル・イノベーション・ジャパン」代表理事を歴任し、現在、早稲田大学商学学術院商学部教授である。

	ちづくり」開催
11.15	第3回コミュニティ・ビジネス韓日フォーラム「コミュニティ・ビジネス、再び人である」
2012.1.10	都市型コミュニティ・ビジネス、まちづくり日本研修
3.5	講座「地域を活性化する人々」(講師:高木晴光*21)開催
3.5	災害管理先進事例ベンチマーキング日本研修
11.14	第4回コミュニティ・ビジネス韓日フォーラム「持続可能な農村、エネルギー自立は可能か」開催

　社会的企業韓日フォーラムは日本国際交流基金からのファンドにより開催されてきたフォーラムであるが、「希望製作所」は、このフォーラムを韓日知的交流の場と位置付けており、学問的に社会的企業研究の深化・発展、韓日の社会的企業政策樹立の理論的土台提供、韓日の健全な社会的企業育成及び発展に寄与、韓日社会的企業研究者及び社会的企業家や関係者間のネットワーク形成を目標とした（希望製作所 2010）。「希望製作所」は、日韓の市民社会間の交流を持続的に行うため、「日本希望製作所」を2007年6月に設立した（2009年11月末NPO法人となった）。「日本希望製作所」は日韓の市民が相互理解する機会を作る活動（まちづくり、社会的企業などのテーマで研究、セミナーの開催、その成果を出版物として刊行、日本市民の韓国社会的企業研修企画・実施）などを行っている。

　「希望製作所」が交流する日本の市民社会団体は多様で、例えば、近畿ソーシャルビジネス・ネットワーキング、きょうとNPOセンター、宮崎県NPO活動支援センター、おおいたボランティア・NPOセンター、NPO法人ねおす、NPOえがおつなげて、JAPAN FORUM OF BUSINESS AND SOCIETYなどである。

　「希望製作所」の活動初期は、韓国のほうから日本のまちづくりや社会的企業の事例を研究・研修することが多かった。ところが、2011年10月のソウル市長補欠選挙で「希望製作所」の元常任理事の朴元淳氏

が市長に当選し、マウル（日本の「まち」に近い）共同体形成支援事業を実施することに日本の市民社会は多くの関心を示した。また日本の市民社会の関心は、韓国でマウル共同体のモデルとして注目を浴びたソンミサン・マウル共同体[*22]や、2011年12月に制定された協同組合基本法にも向けられた。近年、日本の市民社会団体は韓国の社会的企業やマウル共同体や地域づくりを見学するツアーに来ている。

　次は、労働運動における日韓労働団体間の交流を見てみる。日本と韓国の労働組合のナショナルセンター間の交流の歴史は長い。1965年日韓国交正常化直後の10月に全日本労働総同盟（以下、同盟）が韓国労総を訪問し、双方が相互交流と協力に合意し、共同声明を発表した。翌年韓国労総の創立記念式に参加した日本代表団と韓国労総は、「韓日労働組合交流に関する協定」を締結した（韓国労働組合総連盟・国際労働協力院 2007）。1972～74年に両労働団体は技術協力事業を行い、韓国労総が日本政府の推進した「国際技能開発計画」に参加する形で、日本に技能研修生を派遣した（前掲書）。1973年に両労働団体は韓国原爆被害者診療センター設立に関する合意を締結した。日本で同盟が日本労働組合連合会（以下、連合）に統合された後、韓国労総と連合は、双方の大会への代表団派遣、毎年交替で囲碁大会の開催などの親睦を深める交流を行いながら、両国政府の政策への共同対応を模索し、実質的な協力と連帯を強化する交流をも行ってきた。両労働団体は韓日投資協定への共同対応として「韓日労働団体フォーラム」開催（2000～01年）、韓日FTA締結への共同対応として「韓日労働団体実務会議」開催（2003～2004年）、韓国民主労総も加わった「韓日FTA交渉に関する韓日3労働団体

[*21] 高木晴光氏はNPO法人「ねおす」の代表。
[*22] ソンミサン・マウル共同体は、1994年に若い共働き夫婦たちが共同育児方式を模索し作った共同体である。2010年ある私学財団がソウル市麻浦区の小山ソンミサンの中腹に学校を作るため山を削り始めたため、それを阻止しソンミサンを守る活動をソンミサン・マウル共同体の子どもや大人たちが行ったことで、全国にソンミサン・マウル共同体が知られるようになった。金ヨンスン（2013.8.22）。

の共同声明書」(2004年11月)の採択などを行った(前掲書)。さらに2006年に両労働団体は特定のイシューについて共同研究を行うなどの定期交流に合意し、2007年から3つのイシュー、すなわち非正規労働、男女平等、少子・高齢化時代における若年者雇用に関する共同研究を行っている[23]。両労働団体は、2012年末以降政府レベルの関係悪化に伴い中断した日韓労使政交流に代わって、2013年よりトップ間の定期協議を行っており、2014年7月にトップ間の定期協議後、共同声明を出した。この共同声明にて両労働団体は、両国における所得不平等の解消、非正規労働者対策、安全対策の強化のために協力すること、歴史認識をめぐる国家間の緊張関係は労働者・国民の安心と生命を脅かすものであること、労働運動の重要な領域の1つである恒久平和への取り組みとして友情と連帯に基づいた友好関係を一層強化していくことを確認している(「2014年韓国労総・日本連合共同声明」)。連合は、両労働団体の定期協議について、「現在両国関係に関して政治的には良好といえない。しかし、これまで築いてきた働く者の立場での友好、連帯の関係は、それぞれの課題の解消のため、かつ地域の安定・平和のため、これまで以上に重要となる」と位置づけている(www.jtuc-reNGO.or.jp/news/reNGOnews/)。

　労働運動における日韓交流は、非正規労働者を組織する労働組合や非正規労働問題に取り組む労働団体間でも行われている。韓国の「全国不安定労働撤廃連帯」と交流する日本の「なかまユニオン」は2010年より韓国の非正規労働者組合や非正規労働者問題に取り組む労働団体との交流を行っている。「なかまユニオン」は、韓国の非正規労働者のストを応援する活動(2010年現代自動車非正規職支会のスト現場訪問、2011年に弘益(ホンイク)大学の非正規労働者のスト現場訪問、第4次・第5次「希望(ヒマン)バス」[24]参加)(井出窪 2012.4)だけではなく、韓国の労働組合や労働団体の活動家を招待して[25]韓国の非正規労働運動の現状や非正規関連法律に関する情報交換などを行ってきた。「なかまユニオン」と「全国不安定労働撤廃連帯」との交流は、2012年に「なかまユニオン」が日韓非正規交流会

(6月)や日韓非正規シンポジウム(7月)を開催し、「全国不安定労働撤廃連帯」の活動家を招待したことから始まった。同年、「全国不安定労働撤廃連帯」は設立10周年記念シンポジウムに「なかまユニオン」を招待し、「なかまユニオン」の活動や日本の非正規労働運動について話し合った。「全国不安定労働撤廃連帯」は、U事務次長によれば、同じイシュー、例えば派遣労働や派遣法の問題に対して韓国と日本の労働運動が共同対応する形で交流をするのが望ましいと考え、「なかまユニオン」との交流を2014年より積極的に行っている。「全国不安定労働撤廃連帯」は2014年初めに「なかまユニオン」との交流会を持ち、「なかまユニオン」からキャノン非正規労働者組合の勝利報告や両組織の活動計画・重点活動に関して意見交換をした。この交流会で、「全国不安定労働撤廃連帯」は「なかまユニオン」に両組織の共同実践計画を立てて定期的に交流することを提案した。

「なかまユニオン」の委員長は、韓国労働組合や労働団体との交流について、「韓国は非正規労働者の集団的組織化という点から日本より進んでおり、「希望バス」は新自由主義に反対する労働者と市民の運動で

---

*23 韓国労総の政策本部L室長によれば、研究会の開催頻度は1年に2回、1つのイシューについて4回の研究会と1回のシンポジウムを行うので、1つのイシューについての研究結果は2年半が経過した時点で合同報告書として刊行されるという。2013年より3つ目のイシュー、若年者雇用についての共同研究をしており、締めのシンポジウムを2015年5月頃に開催する予定であり、この時に次に両労働団体が交流するイシューが決定されるという。

*24 韓進重工業の整理解雇の撤回を要求し、2011年1月6日よりクレーンに上って高空籠城中の金ジンスク民主労総釜山本部指導委員を支援する「希望バス」が1次〜5次まで運行された。5次までの希望バスに乗った労働者や市民は延べ3万7000人であった。

*25 2011年東京ZENKO(「平和と民主主義を目指す全国交歓会」)大会に現代自動車非正規職支会と韓国青年ユニオンを招待、2013年東京ZENKO大会に韓国の「非正規職のない世の中づくりネットワーク」の活動家などを招待、2014年は「派遣法反対日韓シンポジウム」を開催し、韓国の「労働者の未来」の活動家などを招待した。

あると考える。日本の労働運動が韓国の労働運動から学ぶ点が多い」と述べている（井出窪 2012.4）。一方、「全国不安定労働撤廃連帯」のU事務次長は、「なかまユニオン」との交流を通して、日本の労働運動についての理解度の低い韓国の労働者や労働運動家たちが日本にも非正規労働者闘争があり、勝利した事例があると知るようになったと話す。「なかまユニオン」の委員長や組合員に接した韓国の労働運動家は、日本で50代、60代の年配の方が闘っている姿や、韓国の労働運動状況（韓国語も含めて）について積極的に学ぼうとする姿勢を高く評価する[*26]。

3　日韓市民団体・労働団体の交流の成果

（1）日韓市民社会の新たな連携作りとネットワークの広がり

　北東アジアの生物多様性保全に向けた日韓市民団体の連携は、湿地保全や干潟保全のために日韓市民団体間の交流や連携活動が継続されたことによって可能だった。具体的には、韓国環境団体とのつながりのない「UNDB市民ネット」が、湿地問題で韓国環境団体と交流を続けていた「ラムサール・ネットワーク日本」を通じて、韓国環境団体と交流・連携ができたことである。また生物多様性への取り組みを包括的に行うため、韓国の環境市民団体は日本の「CDB市民ネット」のカウンターパートになる「CDB韓国市民ネットワーク」を発足させた。さらに反核・平和運動においては、反核運動と平和運動それぞれにおける日韓市民団体間のネットワークを、2つの運動を合わせたより広い形態のネットワークにすべきとの声があり（「ノーニュークス・アジアフォーラム通信」83号）、反核運動と平和運動を一緒に取り組む交流と連携が両国の市民団体間で定着している。

（2）両国政府・政治家への働きかけ

　上述したように、日本と韓国の市民団体は共同声明を出したり、政府関係者を日韓市民社会フォーラムに招き政策的取り組みについて報告し

てもらったりして、両国政府にしかるべき政策を取るよう働きかけている。政治家への働きかけとしては、北東アジア非核地帯化実現に向けて、日韓の市民団体（「ピースボート」「ピースデポ」「参与連帯」「平和ネットワーク」など）は日本と韓国のPNND（核軍縮議員ネットワーク）に働きかけて、共同でワークショップを開催したりして、両国の議員たちに北東アジア非核地帯化を公論化するよう働きかけた。日韓の市民団体は核軍縮に関心のある両国の国会議員のネットワークや連携形成をも手伝った[*27]。

（3）両国の市民運動・市民社会の成長と理解増進

　上述した日韓共同干潟調査団の活動は、韓国で市民が自ら環境調査を行う市民生態調査団の誕生に大きな影響をあたえた。日韓共同干潟調査団の独自の調査スタイルは、セマングム市民生態調査団にも受け継がれ、またセマングム市民生態調査団にならい、自分たちの住む地域環境を記録する新たな市民生態調査団が他の地域（仁川・木浦・泗川など）にも続々できた（元鍾彬・佐藤慎一 2008）。反原発運動における日韓の交流は韓国の原発反対運動の成功事例を作ることにつながった。新潟県巻町原発反対運動（日本政府の原発建設推進に対し、住民の自主管理による住民投票実施、反対派町長の誕生などによって原発建設の白紙撤回を実現した）は、韓国扶安郡（ブアン）の核廃棄場誘致反対運動の進む方向を示した事例である。扶安郡においても住民の自主管理による住民投票を実施し、その過程で住民の意識が変わり、反対派の自治体首長（郡守（グンス））の誕生、住民の出資に

---

*26 「全国不安定労働撤廃連帯」のU事務次長からも同じ意見を聞いたが、「なかまユニオン」の主催する「日韓シンポジウム」に参加した「非正規職のない世の中づくりネットワーク」のオ・ジンホ氏は、「なかまユニオン」の50代、60代の組合員が日韓辞書を引きながら自分に積極的に話しかけてきたことや日本の労働現場を変えるために努力する姿勢に感銘を受けたと、それから日本の活動家に会ったこと自体が大きな収穫であったと述べる（オ・ジンホ 2014.7.15）。

*27 北東アジア非核化のための日韓PNND議員フォーラムが2009～12年に開催された。

よる太陽光発電所設立、という原発反対運動の成長があった。扶安郡の原発反対運動を支援した巻町原発反対運動家は、「ここまで成功するとは思わなかった。精神的にも戦術的にも連帯感がある」といった（横田 2007）。

　環境運動、反核・平和運動、地域運動において、韓国は後発国であるので、日韓市民社会の交流の初期に、韓国の市民団体は日本の市民団体から学んだり、日本の市民団体が培っている国際的ネットワークを活用したり、金銭的支援を受けたりすることが多かったが、交流が進むにつれて、日本の市民団体は韓国の市民運動から学ぶことが多いという。日本の反原発運動家は、「韓国には日本が失いつつある熱気と住民パワーがある」という（横田 2007）。また日本の労働運動家も、「日本の労働運動は今や韓国の労働運動から学ぶ点が多い」という（井出窪 2012.4）。日本の地域運動家が韓国のマウル共同体づくりや協同組合結成に多くの関心を示し、スタディツアーに来る。日韓市民社会間の継続した交流は互いの市民社会運動に影響を与え、また両国の市民社会への理解を深めるのに寄与したといえる。

おわりに——日韓の政治的葛藤を緩和する日韓市民社会の交流

　日韓市民社会の交流は、1960年代半ばから続いた労働運動における交流を除けば、1990年代後半から本格的に行われ、現在に至っている。インタビューした韓国の市民社会組織の活動家たちは、日本の市民運動の担い手に若者が少ないこと、政府政策を変えるための政策提言活動（アドボカシー運動）をする市民社会組織が少ないこと、新しいあるいはユニークな運動がまだ見えないこと、市民社会組織の規模が小さいことなど、韓国の市民運動との違いを指摘する。しかし、日本の市民運動から学ぶべき点は多い（他の職業を持つ活動家が真摯に、かつ楽しく活動する、市民の共感を得るソフトな運動方式、活動家たちが韓国のことに関して傾聴し、学ぼうとする姿勢をもっているなど）という。日韓市民社会組織

が両国の市民運動の違いを認め合い、学びながら継続してきた交流の一番の成果は、日韓市民社会の交流が2012年末以降の政治・外交レベルにおける関係悪化の影響を受けなかったことであるといえる。むしろ、連合と韓国労総のトップ協議の定例化のように、交流の強化も見られる。さらに日韓市民社会の交流は、政治・外交レベルにおける緊張関係を緩衝する役割を担う。連合と韓国労総の共同声明は両労働団体の平和への取り組みを強調しており、韓国労総のL室長も両労働団体の役割はまさにそこにあると語った。また希望製作所のY理事は日本と韓国の間に政治的葛藤が生じた時に市民社会間の交流は政治的葛藤を緩和する役割になると話した。

　ここに、日韓市民社会の交流の意義がある。日韓市民社会の交流こそ、偏狭なナショナリズムを克服し、北東アジアにおける紛争予防・環境問題の解決・多様な文化の調和と共生を図って行くための重要な要素であるといえる。

引用・参考文献

元鍾彬・佐藤慎一、2008、「韓国の市民環境運動の現状と課題」『JAWAN通信』No.91。

加藤典洋、2014、「『敗戦後論』から安倍政権の暴走へ――日本社会の構造変化の背景」、基調講演、第7回日韓社会文化シンポジウム（2014.11.28）にて。

外務省、2005、『平成17年外交青書』。

木宮正史、2007、「日韓関係の力学と展望――冷戦期のダイナミズムと脱冷戦期における構造変容」『社会科学ジャーナル』（国際基督教大学学報）61号、5-25。

金海蒼、2006、「韓国の湿地は今――緊急レポート」『JAWAN通信』No.85。

辻　淳夫、2007、「日韓NGO湿地フォーラムから、ラムサール条約COP10に向けて」『JAWAN通信』No.89。

日本湿地ネットワーク（JAWAN）、2007、「第1回日韓NGO湿地フォーラム宣言文」。

廣瀬稔也、2011.9.9、「東アジア気候フォーラム2011「低炭素東アジアをめざして」開催」、東アジア環境情報発伝所　ENVIROASIA.　http://www.enviroasia.info/

桃井貴子、2014.10.17、「光州市での「第4回東アジア気候フォーラム」に参加して」。

www.kikonet.org/kiko-blog/
ラムサールCOP10のための日本NGOネットワーク、2008、『湿地の生物多様性を守る
　　　──湿地政策の検証』。www.ramnet-j.org
山崎求博、2011.8.26、「低炭素東アジアをめざす気候フォーラム、開催せまる」、東ア
　　　ジア環境情報発伝所　ENVIROASIA。　http://www.enviroasia.info/
横田信行、2007、「「韓日反核フォーラム2006」報告」『ノーニュークス・アジアフォー
　　　ラム通信』No.83。

韓国語文献
김영순、2013.8.22、「성미산마을공동체를 알고있습니까」『오늘의 한국』（金ヨンス
　　　ン、2013.8.22、「ソンミサン・マウル共同体を知っていますか」『今日の韓国』）
　　　www.k-today.com/news/article
井出窪啓一、2012.4、「나카마유니온이란」전국불안정노동철폐연대『질라라비』105
　　　호（井出窪啓一、2012.4、「なかまユニオンとは」全国不安定労働撤廃連帯『ジル
　　　ララビ』105号）
오진호、2014.7.15、「한국/일본비정규직현안공유, 공동의실천 모색하는심포지엄 참가
　　　기」『주간경향』1084호（オ・ジンホ、2014.7.15、「韓国・日本非正規職懸案共有、
　　　共同の実践模索するシンポジウム参加記」『週刊キョンヒャン』1084号）
한국노동조합총연맹/국제노동협력원、2007、「세계주요국노동조직현황」（韓国労働
　　　組合総連盟・国際労働協力院、2007、「世界主要国労働組織現況」）
희망제작소（希望製作所）、2010、「ANNUAL REPORT 2010」
희망제작소（希望製作所）、2012、「ANNUAL REPORT 2012」

第8章
在日韓国人の人権問題に関する考察

申 惠丰
(シン ヘ ボン)

はじめに

　在日韓国人の人権は、憲法学の人権論では一般に「外国人の人権」の範疇で語られるが、在日韓国人のほとんどは（つまり、近時に来日したニューカマーを除き）日本の旧植民地出身者であって元々日本国籍を有していた人々とその子孫であることからすれば、「外国人の人権」という切り口だけではとらえきれない深みと複雑さをもつテーマである。周知の通り、日本政府は1952年4月28日のサンフランシスコ平和条約（以下、平和条約）発効をもって旧植民地出身者とその子は日本国籍を失ったと解釈し、これらの人々を一転して外国人登録法による管理下においた[*1]。日本の国籍法は血統主義だから、外国籍の者は、日本にどれだけ長く居住しようと、また日本で生まれ育った2世以降の代になろうとも、帰化しない限り「外国人」のままである[*2]。在日韓国人の人権問題の多くは、在日韓国人が、旧植民地から渡来し又は連行されて来て日本にしか生活の基盤がないために永住するに至った人々とその子孫であるにもかかわらず一方的に外国人として処遇されてきたことに端を発しており、問題

[*1] なお、同法は2012年に廃止され、特別永住者には特別永住者証明書が導入された。
[*2] ただし、女性差別撤廃条約批准に伴う1984年の国籍法改正により両系血統主義が採用されて以降は、在日韓国人と日本人との婚姻によって出生した子どもは日本法上日本国籍となるため、在日韓国人の人口は国籍上、減少傾向にある。

を理解するためにはこの歴史的背景をふまえる視座が必須である。

　在日韓国人の人権問題は、戦後補償、日本における在留資格、海外への渡航の自由と帰国の権利、公務就任権、参政権、社会保障に対する権利のような法的な問題から、就職差別、入居差別のような社会的差別まで多岐にわたる。法的には、1991年の入管特例法[*3]による特別永住資格の付与のように法律で一定の解決が図られたものがある（ただ、一般の永住者よりも限定的とはいえ退去強制の対象になりうること、海外に渡航し日本に帰国したければ「再入国許可」を取る必要があることなど、外国人としての扱いは基本的に変わらない）[*4]。また、日本が国際条約で内外人平等の義務を負ったことによる日本法の変化は大きく、1979年の国際人権規約批准後は公営住宅法、住宅金融公庫法などの国籍要件が、1981年の難民条約加入後は国民年金法や児童手当関連3法の国籍条項がそれぞれ撤廃された[*5]。刑罰の脅威をもって指紋押捺を強要し、在日韓国人に屈辱感を与えていた外国人登録法の指紋押捺制度[*6]は、粘り強い反対運動の結果1999年に全廃に至った。他方で、国民年金法の改正時に経過措置の対象とならず、無年金で困窮している高齢者・障害者の存在や、旧日本軍徴用者らへの戦後補償のように、積み残しになっている問題もあり、地方参政権のように、法的には問題ないとされながらも[*7]立法化に頓挫しているものもある。

　国際人権規約批准による法改正が在日韓国人の人権保障の底上げに作用したように[*8]、日本が多くの人権条約の締約国となっている今日、このテーマは国内法の視点だけでは語れない。人権条約[*9]は、原則として締約国の管轄下にあるすべての人の人権保障を義務づけており[*10]、国籍や民族的出自の違いは人権を制限する理由にはならない。むしろ、人権条約はいかなる理由による差別も禁じ、人種差別撤廃条約のように個人や団体による差別を禁止することを義務づけたものもある。入居差別のような社会的差別も、実のところ、同条約の趣旨に沿う差別禁止法を制定していないという日本法の不備の問題が背景にある。昨今問題となっているヘイト・スピーチ[*11]も同様であって、同条約上日本は本来、

ヘイト・スピーチを法的に規制すべき義務を負っている。ちなみに、ヘイト・スピーチを行っているのは主に、在日コリアンの「特権」を剥奪すべきと主張する団体であるが、そうした珍奇な主張*12が出てくる背

*3 　日本国との平和条約に基づき日本の国籍を離脱した者等の出入国管理に関する特例法。

*4 　最近の入管法（出入国管理及び難民認定法）改正で2012年7月9日以降は「みなし再入国制度」が導入され、特別永住者が出国後2年以内に再入国する意図を表明する場合は許可申請が原則不要となった。日本で生まれ育ち、「入国」したことはない2世以降の者にも「再入国」許可を求めさせてきた不条理を考えれば一つの進展である。

*5 　国籍要件の撤廃は解釈変更によるもの、国籍条項の撤廃は法改正によるものである。

*6 　押捺を拒否した者には、再入国許可を出さないという報復的措置もとられた（崔善愛事件）。

*7 　在日韓国人である原告が、日本で生まれ生活の本拠をおくにもかかわらず地方選挙権を行使できないことを不服として提訴した事件（金正圭訴訟）で最高裁は1995年、上告を棄却したものの、法律で永住外国人に地方自治体の選挙権を認めることは憲法上禁止されていないとの見解を示した（最判1995（平7）年2月28日民集49巻2号639頁）。

*8 　在日韓国人が撤廃を求めてきた国民年金法の国籍条項が、難民条約加入によって撤廃された衝撃は、「「黒船」となったインドシナ難民」と評されるほどであった。田中宏（2013）161頁以下参照。

*9 　人権条約とは、人権保障を目的とした多数国間条約を指し、国連では国際人権規約のほか人種差別撤廃条約、女性差別撤廃条約など計9つある。これらの条約は、条約の国内実施状況について条約機関（委員会）に対する定期的な報告を義務づけるといった共通の仕組み（国際的実施制度）を設けている。なお、難民条約は、難民の権利保護を定めている点で人権と深いかかわりをもち、広い意味で人権条約に含めてよい条約であるが、直接の目的は難民の受け入れ負担の公平化であり、国連難民高等弁務官事務所（UNHCR）による監督を定めているため、一般の人権条約のような国際的実施制度は有していない。

*10 　例外的なものとして、経済的、社会的及び文化的権利に関する国際規約（社会権規約）は2条3項で、発展途上国は外国人に経済的権利をどの程度保障するか決定できるとする。

*11 　本章では、人種差別撤廃条約の規定をふまえ、人種的憎悪を流布し、又は人種差別やそれに基づく暴力行為を扇動する言論の意で用いている。

景には、日本の学校教育で、植民地時代から今日に至る日本と朝鮮半島の現代史や在日韓国人の存在の歴史的背景についてほとんど何も教えていないという事情がある。歴史の無知、無理解が、韓国や韓国人、そして在日韓国人への誤った偏見を生んでいるのである。人種差別撤廃条約は、人種差別につながる偏見と闘うため特に教育や文化の分野で効果的な措置を取ることとしており、この点でも国際人権法の視点が有益である。

本章では、以上のような観点から、在日韓国人の人権について、日本が締約国となっている人権条約の規範に照らして検討し、日本が取り組むべき課題について論ずる。紙幅の関係で、人権条約に照らして特に問題の多いものをできる限り取り上げるにとどめる。

1 戦後補償問題

戦争犠牲者の援護のための法律には、戦傷病者・戦没者やその遺族・家族、引揚者やその家族らを対象とした計13の法律があり、その他、被爆者の支援に関する法律[*13]があるが、これらのうち、被爆者支援の法律を除く13の法律にはすべて国籍条項がある。

代表的なものとして、恩給法と戦傷病者戦没者遺族等援護法(以下、援護法)についてみてみよう。恩給は、公務員が公務で死亡し又は傷病のために退職した場合に給付する、国家補償の性格をもった制度であり、1923年の恩給法に基づき支給されている。公務員の年金制度は共済年金に移行しているため、現在、恩給の対象者の圧倒的多数は旧軍人とその遺族である[*14]。恩給法は、国籍を失ったときは受給権を失うと定める(9条3項)。援護法は、軍人や軍属の傷病・死亡に関し、国家補償の精神に基づき[*15]、障害者には障害年金を、遺族には遺族年金や弔慰金を支給するため1952年に制定されたが、軍人には恩給法が適用されるため、主な対象は、恩給法に該当しない軍人・軍属とその遺族である。援護法は附則2項で、戸籍法の適用を受けない者には適用しないと規定

し、在日韓国人や台湾人を排除している*16。戦時中、植民地下の朝鮮半島や台湾からは日本軍人・軍属として数十万人の人々が狩り出されたが（うち5万人余りが戦死）、これらの人々やその遺族は両法の適用から外されているのである。法廷闘争を経て1980年代後半には台湾人戦没者遺族らに弔慰金を支給する法律*17が、2000年には旧植民地出身者について同様の法律*18が制定されているが、遅きに失し、またその内容

---

*12 在特会なる団体は、在日韓国人の「特権」として特別永住資格や生活保護の準用、通名の使用を挙げるが、これらはいずれも、およそ特権と言える代物ではない。本来、旧植民地出身者は、1世は国籍の選択権を、2世以降は届出による日本国籍取得権を与えられてしかるべき存在である。生活保護の原資は税金であるが、在日韓国人はすべての税金を日本人と同じく負担している（生活保護については本文で後述）。通名に至っては、日本社会における厳しい差別から逃れるためにやむなく使用している場合が多いのであり、中には会社が通名使用を強制することもある（金秬万さんのケース。彼は会社と国を相手取って提訴したが敗訴している。大阪高判2013（平25）年11月26日）。

*13 当初、原子爆弾被爆者の医療等に関する法律（以下、原爆医療法）並びに、原子爆弾被爆者に対する特別措置に関する法律の2つがあったが、1994年以降は原子爆弾被爆者に対する援護に関する法律（以下、被爆者援護法）に一本化されている。

*14 総務省「恩給制度の概要」(http://www.soumu.go.jp/main_sosiki/onkyu_toukatsu/onkyu.htm)。

*15 「国家補償の精神」とは、援護法に基づく給付が、国との身分関係により支給されることを示すものとされる。厚生省社会・援護局援護50年史編集委員会監修（1997）195-196頁。

*16 植民地下では朝鮮人・台湾人も日本の「帝国臣民」であったが、戸籍は「内地」戸籍と区別され、「内地」への転籍は禁じられていた。このため、戦後、参政権をはじめ、日本政府が在日朝鮮人・台湾人の権利を次々と停止していく過程で、このように「戸籍」を基準とする区別が行われた。田中宏（2013）63頁。

*17 1987年の「台湾住民である戦没者の遺族等に対する弔慰金に関する法律」及び88年の「特定弔慰金等の支給の実施に関する法律」。戦没者遺族及び重度戦傷者に対して、一人200万円の弔慰金を支給する。

*18 「平和条約国籍離脱者等である戦没者遺族等に対する弔慰金等の支給に関する法律」。戦没者等の遺族に一人260万円、重度戦傷者に一人400万円の弔慰金を支給する。

も日本国籍の者と比べればきわめて貧弱なものにとどまる。

　軍人恩給の支給における国籍差別をめぐっては、自由権規約の個人通報制度の事案で、平等権の侵害が認定されているものがある。同規約は26条で、法律がすべての人に平等な保護を及ぼす義務について規定している[19]。フランス領セネガル出身者であり、フランス軍で兵役に就いたゲイエらが、セネガルが独立した後はセネガル国籍であるとの理由でフランス人退役兵よりも低い額の軍人恩給しか支給されないことを差別と主張した事件で、自由権規約委員会は、同じ役務を提供したにもかかわらず事後の国籍変更をもって恩給額に差をつけることは26条に反する不合理な差別にあたるとした[20]。この先例法に照らせば、日本の恩給法や援護法における旧植民地出身者の排除は、日本が批准している自由権規約26条に違反し、額が異なるどころか最初から除外している点で一層違法性が高い。

2　国民年金法の国籍条項と経過措置——無年金の問題

　1959年に制定された国民年金法は、国民皆年金の理念に基づき、被用者年金制度でカバーされてこなかった農林漁業者、自営業者、自由業者を対象とする強制加入[21]の年金制度であり、老齢・障害・生計維持者の死亡が生じた場合に年金を給付する。被保険者は、日本国内に居住する20歳以上60歳未満の者（1981年の改正前の旧法では日本国民）である。

　難民条約加入に伴い国籍条項は1981年に削除されたが、35歳以上の外国人は、60歳までに25年の保険料納付期間を満たせないという理由で老齢年金加入が認められなかった。また、1982年1月1日時点で20歳以上の外国人障害者は、障害年金加入が認められなかった。1985年の法改正で老齢基礎年金につき要件が緩和され、旧法の国籍条項により被保険者とならなかった期間が支給要件期間に算入されることとなった際も、新法施行時に60歳以上の者（1926年4月1日以前に生まれた者）は再び除外された。

塩見訴訟の原告である塩見さんは、1934年に日本の「帝国臣民」として生まれたが、平和条約発効時に日本国籍を喪失した。その後1970年に帰化し日本国籍を取得するが、1959年に失明した当時は韓国籍であった。障害発症日が法改正前であるため、旧法の国籍条項により障害福祉年金の受給資格を認められなかったことを争った訴訟で最高裁は1989年、国籍条項について立法府の広い裁量を認め、訴えを退けた[*22]。最高裁は、とりわけ、無拠出制（国庫金から拠出される）年金を支給して生活保障をする責務は第一次的にはその者の属する国が負うべきだから、立法府は経過措置を講ずるか否かにつき広範な裁量権をもつという。しかしその理屈は、そもそも塩見さんのような旧植民地出身者であって日本に永住している人に、日本以外に「属する国」は想定できないということを無視している。

　加えて、社会権規約は9条で、社会保障に対する「すべての者の権利」を認めている。「すべての者」とは、文字通り、国籍などに関係なくすべての者（締約国の管轄下にあるすべての者）を指す。社会権規約は、締約国の義務として、「規約上の権利の完全な実現を漸進的に実現するため……措置を取る」（2条1項）と定め、社会保障についても、様々な分野の社会保障を直ちに完全に実現せよとしているわけではない。しかし同規約上締約国は、規約上の権利がいかなる差別もなく行使されることを保障しなければならない（2条2項）。社会権規約の規定からすれば、国民年金法という法律がない段階で9条から年金受給権を引き出そうというのは無理な主張であるとしても、本件では国民年金法の国籍

---

*19　「法律は、あらゆる差別を禁止し及び人種、皮膚の色、性、言語、宗教、政治的意見その他の意見、国民的若しくは社会的出身、財産、出生又は他の地位等のいかなる理由による差別に対しても平等のかつ効果的な保護をすべての者に保障する」。
*20　Ibrahima Gueye et al. v. France, *Communication* No.196/1985, 1987年11月5日。
*21　ただし、学生は1991年まで任意加入であった。
*22　最判1989年3月2日判時1363号68頁。

条項が問題となっていたのであり、国籍条項を塩見さんのような旧植民地出身者に適用することの合理性を社会権規約9条と2条2項に照らして判断することはできたはずである。

　世界人権宣言は、すべての者は「社会の構成員として」社会保障についての権利をもつとしている（22条）。日本自らも、国民年金法で居住要件をおき、海外に住む日本人は対象から除外している。社会保障の権利は、人が社会の一員として働き生活を営むことを基盤としているのであり、少なくとも、日本に居住し国民と同一の法的・社会的負担を担っている定住外国人には等しく及ぶとみるべきである[*23]。EU諸国では、2003年の「長期在住者たる第三国国民の地位に関する指令」[*24]によって、EU外の国の国民で合法的かつ継続的に5年以上居住している者に対して長期在住者の資格（少なくとも5年有効で、その後は自動的に更新可能な一種の永住許可）を認めることとされ、長期在住者は各国の国内法上の社会保障制度において国民と平等の待遇を受けることが保障されている。社会連帯を基盤とする社会保障においては、形式的な国籍の有無ではなく、その社会の構成員といえるだけの継続的な定住性をもつかどうかが重要なのである。旧植民地出身者であり日本に永住している在日韓国人については言わずもがなであろう。

3　生活保護法の「準用」をめぐる問題

　1950年制定の生活保護法は、生活に困窮するすべての「国民」に保護を行うと規定する（1条）。これは、日本政府が、生活保護は憲法25条の生存権に由来し権利性をもつとの立場から、外国人を除外する意図で規定したものであった[*25]。一方で、厚生省は1954年の通知[*26]で、外国人は同法の対象ではないが、困窮する外国人に対し、国民に準じて必要と認める保護を行いうるとしたため、外国人であっても個別に必要と判断された場合に生活保護が適用されてきた[*27]。ところが、その後1990年10月25日、厚生省は内部の会議で、外国人に対する生活保護措

置は入管法別表第２に記載の永住者・定住者に限るという口頭指示を行い、それ以外の外国人は法の準用対象から除外されることとなった[*28]。

　生活保護法がこうして「準用」されうる永住者・定住者にとっても、実際上大きな問題となるのは、保護の開始を法的に要請することができるかという点である。中国人永住者が生活保護申請を却下されその取消を求めた訴訟で福岡高裁は2011年、一定範囲の外国人は生活保護法の準用による法的保護の対象になるという注目すべき判断を示した。「当初生活保護法の対象は日本国民に限定されていたものの、実際には……通知により外国人もその対象となり、日本国民とほぼ同様の基準、手続により運用されていた……。その後、難民条約の批准等に伴い……生活保護法については、上記運用を継続することを理由に法改正が見送られる一方、生活保護の対象となる外国人を難民に限定するなどの措置も執られなかったこと、その後の平成２年10月には……対象となる外国人を永住的外国人に限定したことが認められる。すると、国は、難民条約の批准等及びこれに伴う国会審議を契機として、外国人に対する生活保護について一定範囲で国際法及び国内公法上の義務を負うことを認めたものということができる。……換言すれば一定範囲の外国人において上記待遇を受ける地位が法的に保護されることになったものである」[*29]。しかし、上告審で最高裁は、外国人は行政措置によって事実上の保護の対象となりうるにとどまり、生活保護の受給権を有しないという判断を

[*23]　大沼保昭（1993）238-239頁。

[*24]　Council Directive 2003/109/EC of 25 November 2003 concerning the status of third-country nationals who are long-term residents, OJ L.16/44（2004）.

[*25]　高藤昭（2001）102頁。

[*26]　1954年５月８日社発382号。

[*27]　難民条約加入の際に生活保護法が改正されなかったのも、同通知によりすでに準用されているから改正は必要ないとされたためであった。古賀昭典編著（1997）124頁。

[*28]　手塚和彰（2005）324頁。

[*29]　福岡高判2011年11月15日、判タ1377号、104頁。

示した[*30]。外国人に関する生活保護が、あくまで「準用」であってこのように何ら権利性がないとされているのに反して、日本政府は社会権規約委員会に対する政府報告書では社会保障に関し内外人平等原則を適用していると記載するなど、対外的には論理を使い分けていることも問題である[*31]。

　先に社会保障の基盤についてふれた通り、生活保護もその本質は、社会連帯原理に基づき、生活に困窮した個人を保護するものであるから、日本に長年居住し実質的な社会の構成員となっている定住外国人にその権利を認めないことは適切でない[*32]。歴史的経緯をもって日本に永住している在日韓国人がその権利をもつことも当然の理である。

4　入居差別などの問題──人種差別禁止法の必要性

　日本社会では、入店拒否、入居拒否、ゴルフクラブへの入会拒否など様々な場面で、外国人（ニューカマーと、日本に永住している在日韓国人らの両方を含む）、又は外国人風の容貌の者への人種差別が広範にみられる。2世以降の在日韓国人のように、母語として日本語を話し、文化的に日本人と変わらない生活をしている人々さえ、その国籍[*33]や姓名のためにアパートやマンションへの入居拒否に遭うのは、今でも決して珍しいことではない。

　人種差別撤廃条約は、同条約上「人種差別」とは「人種、皮膚の色、世系又は民族的若しくは種族的出身に基づくあらゆる区別、排除、制限又は優先であって、政治的、経済的、社会的、文化的その他のあらゆる公的生活の分野における平等の立場での人権及び基本的自由を認識し、享有し又は行使することを妨げ又は害する目的又は効果を有するもの」と定義している（1条1項）。「公的生活」とは、国や地方公共団体の活動に限らず、企業の活動なども含む人間の社会の一員としての活動全般を指し、人間の活動分野のうち、特定少数の者を対象とする純粋に私的な活動を除いた、不特定多数の者を対象とするあらゆる活動を含む[*34]。

法律の前の平等に関する5条は（e）で、住居についての権利や教育についての権利、輸送機関やホテル・飲食店・劇場・公園など一般公衆の利用を目的とするあらゆる場所又はサービスを利用する権利などに明文で言及しており、これらを利用する権利は1条1項にいう「公的生活」に含まれると理解できる。

同条約は2条1項（d）では「すべての適当な方法（状況により必要とされるときは、立法を含む。）により、いかなる個人、集団又は団体による人種差別をも禁止し、終了させる」と定めている。しかし日本は条約加入時、この2条1項（d）を含め条約上の義務は既存の国内法で実施可能との立場から、国内法の整備を何ら行わなかった。なお、6条は救済について定め、締約国は管轄下にあるすべての人に対し、裁判所その他の国家機関を通じ、人種差別行為に対する効果的な保護・救済を確保し、差別の結果被った損害に対する賠償又は救済を裁判所に求める権利を確保することとしている。

本条約に加入の際、日本は、人種差別禁止法を制定するといった国内法整備を一切行わなかった。よって、私人による人種差別を具体的に禁じた法律が制定されていない（法の下の平等に関する憲法14条はあるが、私人には直接適用されない）現状では、このような差別を法的に争うには、

＊30　最判2014年7月18日 LEX/DB25504546。

＊31　田中宏（2012）4頁；河野善一郎（2013）83頁。

＊32　髙佐智美（2011）167頁。

＊33　在日韓国人が国籍のために受ける差別に対して、「だったら帰化すればいいではないか」という論調が、日本政府のみならず一般社会、時には移民問題研究者などからも聞かれることがある。しかし帰化はあくまで日本政府に「許可」を求める手続であって、日本に永住することになった歴史的経緯や厳しい被差別体験からすれば受け入れがたいと考える人も当然いることを知らなければならない。1980年代末頃まで行政指導で行われていた、日本式姓名への改名強要も、植民地時代の創氏改名を想起させるものとして、そうした拒絶反応に拍車をかけていた。

＊34　日本政府見解。外務省ウェブサイト http://www.mofa.go.jp/mofaj/gaiko/jinshu/top.html。

民法の不法行為規定などによるしかない。入店差別の事案では、不法行為の解釈に人種差別撤廃条約の趣旨を反映させることで救済を与えた裁判例がある。米国出身の男性が銭湯で入場拒否され、日本に帰化した後も拒否された事案で、札幌地裁は2002年、店主の行為は人種差別に該当するとして、不法行為による損害賠償を命じた[*35]。

しかし、私人による人種差別について現行法の解釈で対処する手法には、問題も多い。入居拒否を裁判で争った在日韓国人弁護士が語っているように[*36]、不法行為訴訟では原告が立証責任を負うから、被害者はまず事実認定の段階で、事実の立証の壁に直面する。在日韓国人に対する別の入居差別の事案でも、被告である不動産業者と家主は、賃借を拒んだのは原告が猫を飼いたいと言ったからだという主張を繰り返した[*37]。そのように、差別の被害者に立証責任を課しているあり方自体、私人による人種差別を「禁止」し、効果的救済を確保する条約上の義務を満たしたものと言えるかどうか疑わしい。また、司法的救済は個別の事案の事後救済であって、社会生活におけるどのような行為が違法な人種差別となるのかについての一般的な指針を提示できるわけではない。このことは、潜在的な加害者になりうるすべての人にとって、行為規範となるものがないということでもある。

人種差別撤廃条約2条1項（d）は、状況により必要な場合に立法措置を取ることとしているが、日本社会で入居差別などの差別が現に広範にみられ、かつそれに対する効果な司法的救済が確保されているとは言いがたい以上、差別を禁止する立法措置は「必要」というべきである[*38]。人種差別撤廃条約の他にも、自由権規約は26条で、法律があらゆる差別を禁止し人種や国民的出身、出生等のいかなる理由による差別に対しても平等の保護をすべての者に保障することを締約国に義務づけている。この規定と、人種差別撤廃条約の2条1項（d）の義務、及び人種差別の定義（同1条）からすると、国は、雇用、住居、教育、社会的サービス、一般公衆の使用に開かれた場所やサービスの利用を含む「公的生活」の分野における差別を禁止する法律を制定するべきことが導かれる[*39]。

人種差別撤廃委員会は日本に対し、人種差別を禁止する法律を制定するよう繰り返し勧告している[*40]。

5　ヘイト・スピーチの根絶に向けて
──法規制、そして歴史教育の必要性

　日本では近年、「不逞鮮人追放」「朝鮮人は皆殺し」といったヘイト・スピーチが激しさを増している。これを行っている団体のいう在日韓国人の「特権」は全く根拠のないデマなのだが、単なるデマでも、街宣活動やメディアで繰り返し流されることで、まるで実体のある主張であるかのように社会に浸透していく恐れがあるし、ましてや「〜人を殺せ」という言動が公然と行われる事態は、容易に実際の暴力行為を生む素地となる。ホロコーストやルワンダ・ジェノサイドを挙げるまでもなく、関東大震災時の朝鮮人虐殺の過去をもつ日本は、その危険を無縁のものとみなして放置することは許されないはずである[*41]。

[*35]　「本件入浴拒否は、国籍による差別のようにもみえるが……実質的には、日本国籍の有無という国籍による区別ではなく、外見が外国人にみえるという、人種、皮膚の色、世系又は民族的若しくは種族的出身に基づく区別、制限であると認められ、……国際人権B規約26条、人種差別撤廃条約の趣旨に照らし、私人間においても撤廃されるべき人種差別にあたる」札幌地判2002年11月11日、判時1806号、84頁。

[*36]　康由美（2008）77-78頁。

[*37]　尼崎入居差別訴訟を支える会（2007）を参照。結果として、この事件の判決は、猫の飼育だけでなく韓国籍を「も」理由として賃借拒否が行われたという、不十分な事実認定の上に立った判断になってしまっている（神戸地判尼崎支部2006（平18）年1月24日）。控訴審の大阪高判2006（平18）年10月5日でも同様であった。

[*38]　同旨、村上正直（2005）229-231頁。

[*39]　申惠丰（2013）359-360頁。

[*40]　最近では、2014年の総括所見。UN Doc. CERD/C/JPN/CO/7-9, para.8.

[*41]　関東大震災時の朝鮮人虐殺を丹念に振り返り、現在のヘイト・スピーチの蔓延に警鐘を鳴らす最近の労作として、加藤直樹（2014）がある。

人種差別撤廃条約4条は、人種的憎悪・人種差別を正当化し助長しようとする宣伝・団体を非難し、人種差別の扇動又は行為を根絶するための迅速かつ積極的な措置を取る義務を定めている。このため、特に次のことを行うとし、（a）人種的優越や憎悪に基づく思想の流布、人種差別の扇動、他人種集団への暴力行為やその扇動、人種主義活動への援助の提供を、法律で処罰される犯罪とすること、（b）人種差別を助長し扇動する団体及び宣伝活動を禁止し、そのような団体・活動への参加を、法律で処罰される犯罪とすること、（c）国又は地方の公の当局又は機関が人種差別を助長・扇動するのを認めないこと、と定める。日本はこのうち（a）・（b）について、憲法上の集会・結社・表現の自由その他の権利の保障と抵触しない限度で義務を履行するという留保を付したまま、立法措置を取っていない。また、4条のうち（c）には留保を付していないが、石原慎太郎前都知事の度重なる人種差別発言を放置してきたように、この条項についても特に措置を取ってきていない。

2009年の京都朝鮮学校事件は、ヘイト・スピーチを具体的に規制する法規定がない中で、現行法で対処する可能性と限界が刑事・民事の両面で示されることとなった重要な事件である。「在特会」メンバーらは京都朝鮮第一初級学校（当時。現在は移転）の門前で約1時間にわたり、子どもたちがいる学校に向けてメガホンで「ここは北朝鮮のスパイ養成機関」「ろくでなしの朝鮮学校を日本から叩き出せ」などと怒号を挙げ、隣接する公園（校庭がない同校が、京都市との合意に基づいて使っていた）に置いていたサッカーゴールを倒し、朝礼台を移動させて門扉に打ち立て、スピーカーの配線コードを切断した。

この事件では4名が逮捕・起訴されたが、ヘイト・スピーチについて学校側は名誉毀損罪での起訴を求めたのに対し、検察側が用いた罪状は侮辱罪であった[*42]。しかしいずれにしても、双方とも保護対象は人の個人的法益であって、「朝鮮人」のような民族集団を攻撃する言論を処罰対象とした規定は刑法にはない。判決では、器物損壊罪と威力業務妨害罪が認められたため執行猶予付懲役刑が科された[*43]が、ヘイト・ス

ピーチそのものの規制の面で日本の刑法に欠缺があることは明らかである。

　他方、学校法人が提起した民事訴訟で京都地裁は2013年、本件業務妨害と名誉毀損は人種差別であり不法行為にあたるとして、合計1,200万円余りの損害賠償と新たな街宣活動の差止めを命ずる判決を下した。裁判所は、人種差別撤廃条約2条1項（d）と6条の規定をふまえ、締約国の裁判所として「法律を同条約の定めに適合するように解釈する責務を負う」と明確に判示した。その上で、本件業務妨害と名誉毀損は、在日朝鮮人への差別意識を世間に訴える意図で、差別的発言を織り交ぜてされたものであり、民族的出身に基づく排除であって平等の立場での人権享有を妨げる目的を有するといえるから、同条約1条にいう人種差別に該当し不法行為を構成するとした。また、損害賠償額についても、同条約2条1項と6条により「人種差別行為に対する効果的な保護及び救済措置となるような額を定めなければならない」とし、賠償額の認定の面でも条約適合的な解釈を行うことが要請されるとした[*44]。しかし、画期的な判決であるとはいえ、このような民事訴訟にも限界がある。本件でも、本当の被害者は子どもたちだったが、相手に子どもの個人情報を渡すことはできず学校法人を原告とせざるを得なかったことや、子どもの身の安全を案じながら3年半もの間裁判を続けなければならなかっ

[*42] 前者には事実摘示の要件があることへの考慮もあったであろうが、名誉毀損罪の法定刑が3年以下の懲役もしくは禁固又は50万円以下の罰金であるのに対し侮辱罪のそれは拘留又は科料ときわめて軽い。

[*43] 京都地判2011（平23）年4月21日LEX/DB25502689。被告人4名中3名については判決が確定し、1名は控訴したが同年10月28日の大阪高裁判決で控訴が棄却されている。

[*44] 京都地判2013（平25）年10月7日判時2208号74頁LEX/DB25501815。控訴審判決で、2014（平26）年7月8日の大阪高裁は、不法行為の解釈基準として、憲法と並んで人種差別撤廃条約を用いる手法をとり、同条約を単独で用いた原審の判断を差し替えたが、同条約の趣旨は不法行為の悪質性を基礎づけるものであるとして、損害賠償額を維持した（後に最高裁で上告棄却、確定）。

た不安などが指摘されている*45。

　諸外国の例をみると、人種差別撤廃条約の批准を受けてヘイト・スピーチの処罰を刑法に盛り込んだ国は少なくない。例えばフランスは「人種差別主義との闘いに関する1972年7月1日の法律」*46で、「個人又は集団に対して、その出自を理由に、又は民族、国家、人種もしくは特定の宗教に帰属することもしくは帰属しないことを理由に、差別、憎悪もしくは暴力を扇動した者は、1年の禁固及び45,000ユーロの罰金又はそのいずれかの刑に処す」と規定した（24条。2004年の改正後の条文）。フランスは同条約批准の際、表現や結社の自由と4条の義務履行との間に適切なバランスを取ることにおいて自国の裁量権を残す旨の宣言を付しているが、日本のように、留保を付したまま何も立法措置を取っていない国とは異なるのである。カナダは同条約批准に伴い連邦刑法に「ヘイト・プロパガンダ」の禁止を導入し、318条では「ジェノサイド（集団殺害）の唱道」*47を、319条では「公的な憎悪の扇動」*48について規定した。

　ヘイト・スピーチ規制は表現内容の規制であるために、濫用の危険性を懸念する立場があることは当然ではあるが、ヘイト・スピーチ規制にあたっては、単に言論規制というよりも、人種差別をなくし、社会のマイノリティが平穏に生きる権利を守るという観点が肝要である。人種差別撤廃委員会も2013年の一般的勧告35「人種主義的ヘイト・スピーチと闘う」で、人種差別主義的ヘイト・スピーチを規制するための措置が、不正義への抗議、社会的反対などの表現を抑制するための口実として使われてはならないことに言及している*49。同委員会は2014年、日本の政府報告審査後の総括所見では、一般的勧告35に言及して、「委員会は人種主義的言論を監視し闘うための措置が抗議の表明を抑制する口実として使われてはならないことを想起する。しかしながら、委員会は当事国に対し、人種主義的ヘイト・スピーチ及びヘイトクライムからの防御の必要がある、被害を受けやすい立場にある集団の権利を守ることの重要性を思い起こすよう促す」として、ヘイト・スピーチ規制においては

マイノリティの権利保護が最重要であるという点を強調している[*50]。その上で、人種主義的暴力と憎悪の扇動に断固として取り組むこと、メディアでのヘイト・スピーチと闘うための適切な手段を取ること、人種差別につながる偏見と闘い、異なる国籍・人種・民族間での理解・寛容・友好を促進するために、ヘイト・スピーチの根本的原因に取り組み、教育、文化及び情報の方策を強化することなどを勧告している[*51]。

　この総括所見でも指摘されているように、ヘイト・スピーチの根源には他人種・民族への不寛容や無理解、偏見があり、在日韓国人へのヘイト・スピーチの場合は、日本と朝鮮半島をめぐる現代史への恐るべき無知がある。人種差別撤廃条約は7条で、人種差別につながる偏見と闘い、人種差別をなくしていくために、特に教育や文化、情報の分野で効果的な措置を取ることを締約国に求めている。ヘイト・スピーチの適切な法規制は必要であるが、日本では、本章の4で述べたような人種差別禁止法がまず必要であるし、さらには、現代史を学び、日韓関係や在日韓国人の存在について真っ当な歴史認識をもてるよう、学校教育をはじめと

＊45　中村一成（2014）49−50頁。
＊46　Loi n°72-546 du 1 juillet 1972 relative à la lutte contre le racisme.
＊47　1項「ジェノサイドを唱道し又は促進した者は、訴追される罪を犯したものとして5年以上の禁固刑に処す」。4項「本条において、特定可能な集団とは、皮膚の色、人種、種族的出身又は性的指向性によって区別される公衆のいずれかの部分をいう」。
＊48　1項「その扇動が平和の破壊をもたらす可能性が高い状況において、公共の場で意見を伝達することによって、特定可能ないずれかの集団に対する憎悪を扇動した者は、（a）訴追される罪を犯したものとして2年以下の禁固刑に処し又は（b）陪審によらない有罪判決に処す」。2項「私的な会話以外において、意見を伝達することによって、特定可能ないずれかの集団に対する憎悪を意図的に促進した者は、（a）訴追される罪を犯したものとして2年以下の禁固刑に処し又は（b）陪審によらない有罪判決に処す」。
＊49　CERD/C/GC/35, para.20.
＊50　CERD/C/JPN/CO/7−9, para.11.
＊51　*Ibid.*

する教育の中で取り組んでいくことが不可欠である。

引用・参考文献

尼崎入居差別訴訟を支える会、2007、『尼崎入居差別訴訟記録集』。
大沼保昭、1993、『単一民族社会の神話を超えて』東信堂。
加藤直樹、2014、『九月、東京の路上で──1923年関東大震災ジェノサイドの残響』ころから。
康由美、2008、「入居差別裁判をたたかって」『部落解放研究』595号。
金敬得、2005、『新版 在日コリアンのアイデンティティと法的地位』明石書店。
金尚均編、2014、『ヘイト・スピーチの法的研究』法律文化社。
厚生省社会・援護局援護50年史編集委員会監修、1997、『援護50年史』ぎょうせい。
河野善一郎、2013、「永住外国人の生活保護申請却下処分取消訴訟──福岡高裁2011(平成23)年11月15日判決」『国際人権』24号。
古賀昭典編著、1997、『現代公的扶助法論［新版］』法律文化社。
申惠丰、2013、『国際人権法──国際基準のダイナミズムと国内法との協調』信山社。
髙佐智美、2011、「永住者の在留資格を有する外国人の生活保護申請」『国際人権』22号。
高藤昭、2001、『外国人と社会保障法──生存権の国際的保障法理の構築に向けて』明石書店。
田中宏、2012、「貧しきを憂えず、等しからざるを憂う──生活保護大分訴訟、高裁勝訴と上告審」『賃金と社会保障』1561号。
田中宏、2013、『在日外国人──法の壁、心の壁［第3版］』岩波書店。
手塚和彰、2005、『外国人と法［第3版］』有斐閣。
中村一成、2014、「ヘイト・スピーチとその被害」金尚均編『ヘイト・スピーチの法的研究』法律文化社。
村上正直、2005、『人種差別撤廃条約と日本』日本評論社。

＊なお本稿の韓国語版「재일한국인의 인권문제에 관한 고찰」は、韓国の国民大学校日本研究所刊行の雑誌『日本空間』Vol.17（2015.6）の167～187頁に掲載された。

韓国人研究者フォーラムについて
―― 沿革・組織・会則・活動記録 ――

沿革

2008年5月24日柳赫秀／鞠重鎬の呼びかけの下、法政大学市ヶ谷キャンパスで、「(仮称) 韓日研究者フォーラム」の立ち上げについて議論し、了承が得られてから、第1回目の定期研究会を行った。その後9月第3回目のフォーラムで、柳赫秀がフォーラムを代表し複数の幹事を委嘱し、フォーラムの方向について協議しながら、「韓国人研究者フォーラム」の維持・定着を図ることに合意が得られる。その後、柳赫秀を代表として、定例研究会、全国規模シンポジウム開催などの活動を重ねながら、幹事会構成の確定、会則の制定、会費の決定等フォーラムの根幹を整えつつ今日に至る。

組織

代表　柳赫秀（横浜国立大学）、副代表　金鳳珍（北九州大学）

幹事陣（カナダラ順）

[関東]　鞠重鎬（横浜市立大学）、権鎬淵（法政大学）、金景珠（東海大学）、金成垣（明治学院大学）、金必中（文教大学）、金絃玉（東京経済大学）、朴相俊（早稲田大学）、朴正鎮（津田塾大学）、徐正根（山梨県立大学）、申景浩（国士館大学）、柳赫秀（横浜国立大学）、李光鎬（慶応義塾大学）、李旼珍（立教大学）、李正連（東京大学）、李洪千（東京都市大学）、鄭英淑（杏林大学）、鄭朱泳（国際基督教大学）、黄盛彬（立教大学）

[北海道]　韓載香（北海道大学）

[東北]　文慶喆（東北文化学園大学）、李仁子（東北大学）

[関西]　金明秀（関西学院大学）、南京兌（京都大学）、宋基燦（立命館大学）

[九州]　金鳳珍（北九州大学）、尹明憲（北九州大学）

主要活動

定例研究会　年5~6回（現在45回開催済み）

全国規模シンポジウム開催　年1～2回（現在9回開催）

研究者データ・ベース構築（190名）

『韓国人研究者フォーラム学術叢書』刊行（第1巻を2016年5月刊行予定）

KSFJコラム、企画物、書評等をホーム・ページへ連載

地域フォーラム立ち上げ推進　2014年12月6日「東北地域韓国人研究者フォーラム」が発足して活動中

会員状況

まだ全国的な把握が終わっていないために、一部分しか把握ができていないが、正会員180余名、学生会員10名、特別会員12名

事務局連絡先
　メール　info@ksfj.jp　TEL／FAX　045-339-3626

会則
現在、日本国内で数百人を越える韓国／朝鮮出身研究者が活動しており、今後も増えるものと見込まれる現状に際して、また韓国における日本研究と日本専門家養成における世代間の断絶という現実に対応し、研究者間のネットワーク構築を通じて学術交流及び相互親睦を図り、併せて、韓国と日本の学術的、人的交流の円滑化に寄与し、結果的に、望ましい韓日関係の確立と日本に居住する韓国／朝鮮人の権益擁護と社会的地位向上に寄与し、最後に、グローバル時代に相応しい持続可能な平和と発展に貢献するために、次のように定める。

第1条（名称）
本会は、韓国語では「한국인연구자포럼」、英文では「Korean Scholars' Forum in Japan」（略称、KSFJ）、漢字では「韓國人研究者會」、日本語では「韓国人研究者フォーラム」と称する。

第2条（目的）
日本に居住する韓国／朝鮮出身研究者間のネットワーク構築を通じて、相互の学術流及び親睦を図り、韓日関係の健全で着実な発展に資することを目的とする。

第3条（事業）
本会は、第2条の目的を達成するために、次のような活動をする。
1. 定期研究会の開催等会員間の交流
2. 全国的規模のシンポジウムの開催を通じたフォーラム内外次元の学術的、国際的交流
3. フォーラム内外のネットワーク構築のための在日韓国人研究者データ・ベースの構築
4. その他幹事会が必要と認める事業

第4条（会員）
1. 日本に居住し、大学等の高等教育／研究機関に在職する教員及び研究員、又はそれに準じる地位を有する韓国／朝鮮出身の研究者として、本フォーラムの趣旨に賛成するものを'正会員'とする。
2. 日本に居住し、大学院の博士課程に在学している者として、正会員2名の推薦と幹事会の許可を得た者を'学生会員'とする。
3. 以前、正会員又は学生会員であった者が本国に帰国し、又は第3国に移住した場合、本人の申請と幹事会の承認を得て'準会員'になることができる。
4. 本会の趣旨に賛成する個人又は団体として、幹事会の許可を得る者を'特別会員'とする。

第5条（会員の権利及び義務）
1. 正会員は、票決権、選挙権及び被選挙権を有し、脱退の自由を有する。

2. 会員は、会則を遵守し、会費を納付しなければならない。

第6条（運営陣）
1. 本会には、会員である者から、代表（1人）、副代表（複数名）、執行幹事（20人前後）を選び、幹事会を構成する。
2. 監事は2人まで設けることができる。
3. 代表は定期総会で選出し、副代表、執行幹事は代表が会員の同意を得て指名する。
4. 代表及び執行幹事の任期は3年とするが、再任できる。

第7条（運営陣の義務）
1. 代表：本会を代表し、幹事会を運営する。
2. 副代表：幹事会を構成し、会員の協力を得て本会の活動全般について代表を補佐する。
3. 執行幹事：幹事会を構成し、会員の協力を得て本会の活動を企画し実行する。
4. 監事：本会の会計状況を監事する。

第8条（総会）
1. 総会は、正会員で構成し、本会の組織及び運営に関する基本的事項を決定する。
2. 代表は、最低でも2年に一度は定期総会を招集しなければならない。
3. 代表は、幹事会が必要と認めるとき、又は会員の1／3以上の要求があるとき臨時総会を招集しなければならない。

第9条（事務局）
1. 本会に事務局を設けることができる。
2. 事務局に関する具体的な事項は幹事会で決定する。

第10条（会費等）
1. 本会の経費は会員の会費及びその他の収入でまかなう。
2. 年会費は、幹事会員は8,000円、一般会員は5,000円とする。
3. 本会の会計年度は4月1日から翌年3月31日までとする。

第11条（改正）
1. 本会の会則は会員過半数の賛成で変更するが、当面は幹事会の審議・決定で改正できることとする。
2. 本会則は幹事会が解釈する。

付　則
1. 本会則の改正は2016年1月11日から発効する。
2. 本会の会則は2009年5月23日から施行する。
3. 第6条第3項の規定に関わらず、初代幹事会の構成は2008年9月27日"韓国人研究者フォーラム協議事項及び経過"に含まれている合意を土台とする。

活動記録（参加者の肩書は当時のもの）

1．定例研究会

韓国人研究者フォーラム立上げ及び第1回定例研究会
日時：2008年5月24日　16：00～20：30
場所：法政大学市谷キャンパス、ボアソナード・タワー6階0610号室
議題：16：00～17：00「(仮称) 韓日研究者フォーラム」立ち上げに関する論議
　　　17：00～18：30主題発表「東アジアをいかに見るべきか？」
発表者：張寅性（東京大学客員研究員・ソウル大学教授）
　　　　18：30～20：30懇親会

第2回定例研究会
日時：2008年7月12日　16：00～19：00
場所：法政大学市谷キャンパス、外堀校舎203号室
発表者：任聖南（大韓民国外交通商部前北核交渉団長・現東京大学法学部客員研究員）
発表題目：「日本と北朝鮮関係についての若干の所見」
発表者：曺斗変（横浜国立大学教授）
発表題目：「現在韓国の物流革命について」
司会：柳赫秀（横浜国立大学教授）

第3回定例研究会
日時：2008年9月20日（土）　16：00～19：00
場所：法政大学市谷キャンパス、80年館7階会議室
発表者：金栄作（現法政大学客員教授・国民大学名誉教授）
発表題目：「日本（人）とは韓国（人）にとって何なのか？」
討論者：金慶珠（東海大学准教授）
司会：柳赫秀（横浜国立大学教授）

第4回定例研究会
日時：2008年11月8日（土）　16：00～19：00
場所：法政大学市ヶ谷キャンパス、外堀校舎403号
発表者：玄大松（東京大学特任助教授）
発表題目：「領土ナショナリズムの誕生」
討論者：金美徳（三井戦略問題研究所研究員）
司会：柳赫秀（横浜国立大学教授）

第5回定例研究会
日時：2009年1月24日（土）　16：00～18：30
場所：法政大学市ヶ谷キャンパス、ボアソナード・タワー1004号
発表者：李成市（早稲田大学教授）

発表題目：「東アジアをいかに見るべきか」
討論者：金鳳珍（北九州大学教授）
司会：柳赫秀（横浜国立大学教授）

第6回定例研究会
日時：2009年3月7日　16：00〜19：30
場所：法政大学市谷キャンパス、外堀校舎S502号
発表題目：「日韓両国マスコミの相手国報道」
発表者：李光浩（慶応大学教授）
　　　　黄盛彬（立教大学教授）
討論者：尹春浩（SBS東京特派員）
　　　　金賢基（中央日報東京支局長）
司会：柳赫秀（横浜国立大学教授）

第7回定例研究会
日時：2009年5月23日（土）　16：00〜19：00
場所：法政大学市ヶ谷キャンパス、外堀校舎404号
発表者：尹鳳吉（広島大学教授・韓国学研究会会長）
発表題目：「韓国のグッと日本の神楽の比較）
司会：柳赫秀（横浜国立大学教授）

第8回定例研究会
日時：2009年7月25日（土）　16：00〜19：00
場所：法政大学市ヶ谷キャンパス、ボアソナード・タワー0606号室
発表者：渡辺延志（朝日新聞文化部記者）
発表題目：「歴史認識の日韓ギャップ」
司会：柳赫秀（横浜国立大学教授）

第9回定例研究会
日時：2009年10月3日（土）　13：30〜16：30
場所：早稲田大学高田馬場キャンパス、14号館801号室
発表題目：「日本の政権交代を契機に見た日韓関係の現在と未来を証明する」
パネリスト：日本側　原田令嗣（元NHKソウル特派員、前自民党国家議員）
　　　　　　　　　　塚本壮一（NHK報道局アジアセンター副部長）
　　　　　　韓国側　金慶珠（東海大学准教授）
　　　　　　　　　　金賢基（中央日報東京支局長）
司会：柳赫秀（横浜国立大学教授）

第10回定例研究会
日時：2009年11月28日（土）　15：30〜18：30
場所：早稲田高田馬場キャンパス、11棟711号

発表者：坂中英徳（移民政策研究所所長、元東京出入国管理局長）
発表題目：「日本型移民国家構想」
討論者：柳赫秀（横浜国立大学教授）
司会：李光鎬（慶応大学教授）

第11回定例研究会
日時：2010年1月30日（土）　15：30～18：30
場所：法政大学市ヶ谷キャンパス、80年館7階角会議室
発表者：李仁子（東北大学准教授）
発表題目：「ニューカマーたちの子女教育の実態——文化人類学的接近」
討論者：孫一善（日本経営史研究所）
　　　　徐正根（山梨県立大学教授）
司会：鞠重縞（横浜市立大学教授）

第12回定例研究会
日時：2010年5月8日（土）　15：00～18：30
場所：立教大学立川記念館1階会議室
発表者：韓載香（東京大学特任准教授）
発表題目：『「在日企業」の産業経済史——その社会的基盤とダイナミズム』について
討論者：姜英之（東北アジア研究所理事長）
　　　　曹斗変（横浜国立大学教授）
司会：柳赫秀（横浜国立大学教授）

第13回定例研究会
日時：2010年7月24日（土）　15：00～18：30
場所：明治大学駿河台キャンパス、研究棟4階第3会議室
発表者：禹宗源（埼玉大学教授）
発表題目：「日本の雇用政策の現状と課題」
司会：柳赫秀（横浜国立大学教授）

第14回定例研究会
日時：2010年10月2日（土）　15：00～18：30
場所：法政大学市ヶ谷キャンパス、外堀校舎S203号室
発表者：朴一（大阪市立大学教授）
発表題目：「在日コリアン新世代のエスニック・アイデンティティと在日の未来」
司会：柳赫秀（横浜国立大学教授）

第15回定例研究会
日時：2010年11月13日（土）　16：00～19：00
場所：法政大学市ヶ谷キャンパス、55年館551教室
発表者：金竜介（弁護士）

発表題目:「在日弁護士の見た在日コリアン社会」
司会:黄盛彬(立教大学教授)

第16回定例研究会
日時:2010年12月18日(土) 14:30～18:30
場所:法政大学市ヶ谷キャンパス、外堀校舎S203教室
発表者:羅義圭(立教大学大学院文学研究科研究生)
発表題目:「『日韓歴史認識』は今までどう論じられてきたのか──『歴史認識』の再構築」
発表者:権鎬淵(法政大学教授)
発表題目:「統一後の北朝鮮の土地・住宅制度について」
司会:柳赫秀(横浜国立大学教授)

第17回定例研究会
日時:2011年2月12日(土) 18:00～20:45
場所:国際文化会館
発表者:松田利彦(国際日本文化研究センター教授)
発表題目:「植民地帝国日本の政治史を考える──内務官僚の植民地への移入を中心に」
討論者:朴相美(早稲田大学准教授)
司会:柳赫秀(横浜国立大学教授)

第18回定例研究会
日時:2011年5月21日(土) 15:00～18:30
場所:韓国コンテンツ振興院日本事務所
テーマ:「韓流の現在と展望」
発表者:金泳徳(韓国コンテンツ振興院日本事務所所長)
　　　　李香鎮(立教大学異文化コミュニケーション学部教授)
討論者:石坂浩一(立教大学異文化コミュニケーション学部准教授)
　　　　権容奭(一橋大学法学部准教授)
司会:　李光鎬(慶應義塾大学文学部教授)

第19回定例研究会
日時:2011年6月11日(土) 16:00～18:30
場所:法政大学市ヶ谷キャンパス、外堀校舎S503号室
発表者:Robert Dujarric(Director, Institute of Contemporary Asian Studies Temple University, Japan Campus) with Professor Peter Beck
発表題目:"The return of Sakoku: How Japan is shutting itself from the world?"
討論者:荒木一郎(横浜国立大学教授)
司会:徐鳳晩(一橋大学教授)

第20回定例研究会
日時：2011年7月23日（土）　13：30～16：30
場所：明治大学駿河台キャンパス、研究棟4階第1会議室
報告者：近藤敦（名城大学教授）
発表題目：「日本における多文化共生法制」
討論者：申惠丰（青山学院大学教授）
司会：柳赫秀（横浜国立大学教授）

第21回定例研究会
日時：2011年12月17日（土）　15：00～18：30
場所：法政大学市ヶ谷キャンパス、外堀校舎S302号室
発表者：金雄基（韓国弘益大学助教授）
発表題目：「在日同胞の国政参政権獲得に伴う社会的地位の変化可能性」
特別ゲスト：金キボン（東京選挙管理委員会委員長／選挙管理委員会派遣大使館参事官）
　　　　　　朱宰右（横浜選挙管理委員会副委員長／選挙管理委員会派遣横浜総領事館領事）
　　　　　　李孝烈（在日本韓国人連合会副会長）
司会：柳赫秀（横浜国立大学教授）

第22回定例研究会
日時：2012年1月21日（土）　15：00～18：30
場所：法政大学市ヶ谷キャンパス、ボアソナード・タワー0605号室
テーマ：「中国朝鮮族社会の現状と歴史的課題」
発表者：崔学松（一橋大学特別研究員）「現代中国の国民統合の中の朝鮮族社会──アイデンティティの変容を中心に」
　　　　朱永浩（環日本海経済研究所研究員）「豆満江開発の現状と展望」
討論者：劉孝鐘（和光大学教授）、鄭載男（駐日韓国大使館経済部公使参事官）
司会：金慶珠（東海大学准教授）

第23回定例研究会
日時：2012年3月10日（土）　14：30～18：30
場所：明治大学駿河台キャンパス、研究棟4階第1会議室
テーマ：「オリジン、国籍、アイデンティティ」
基調発表：古田清悟・姜成明（『日本代表李忠成、北朝鮮代表鄭大世』（光文社、2011年）の共同執筆者）
主要討論者：高英毅（弁護士、在日コリアン弁護士協会初代会長）
　　　　　　金美徳（多摩大学教授）
　　　　　　黄盛彬（立教大学教授）
　　　　　　佐々木てる（早稲田大学文化社会研究所招聘研究員）
若手ゲスト討論者：金昌浩（弁護士、在日コリアン弁護士協会）

柳俊熙（ショートショートフィルムフェスティバル＆アジア）
文杰（朝鮮族グローバルコネットワーク創設者
司会：柳赫秀（横浜国立大学教授）

第24回定例研究会
日時：2012年4月21日（土）　15：00～18：00
場所：法政大学市谷キャンパス、外堀校舎601号室
発表者：牧野愛博（朝日新聞国際報道部、前ソウル特派員）
発表題目：「5年余のソウル特派員生活から見た朝鮮半島・日韓関係」
聞き手：鞠重鎬（横浜市立大学教授）

第25回定例研究会
日時：2012年7月21日（土）　15：00～18：00
場所：立教大学池袋キャンパス、7号館7201号
発表者：李成市（早稲田大学教授）
発表題目：「古代史研究と現代性――古代の「帰化人」「渡来人」問題を中心に」
司会：柳赫秀（横浜国立大学教授）

第26回定例研究会
日時：2012年9月15日（土）　15：00～18：30
場所：法政大学市ヶ谷キャンパス、外堀校舎S301
発表者：宮島喬（御茶の水女子大学名誉教授）
発表題目：「多文化共生の現状と課題」
討論者：李宇海（弁護士）
　　　　塩原良知（慶応大学教授）
司会：李光鎬（慶応大学教授）

第27回定例研究会
日時：2012年12月15日（土）　15：00～18：00
場所：慶応大学三田キャンパス、西校舎525B
発表者：呉学殊（労働政策研究・研修機構首席研究員）
発表題目：「経営資源としての労使コミュニケーション」
討論者：権赫旭（日本大学教授）
司会：曺斗燮（横浜国立大学教授）

第28回定例研究会
日時：2013年3月2日（土）　15：00～18：30
場所：明治大学駿河台キャンパス、研究棟4階第2会議室
発表者：木村幹（神戸大学教授）
発表題目：「両国の新政権下の今後の日韓関係」
討論者：桜井泉（朝日新聞記者）

　　　　金慶珠（東海大学准教授）
司会：権鎬淵（法政大学教授）

第29回定例研究会
日時：2013年4月20日（土）　15：00〜18：00
場所：法政大学市ヶ谷キャンパス、外堀校舎S204
発表者：趙景達（千葉大学教授、『近代朝鮮と日本』（岩波新書、2012年）の著者）
発表題目：「儒教的民本主義と現在」
司会：柳赫秀（横浜国立大学教授）

第30回定例研究会
日時：2013年7月6日（土）　15：00〜18：00
場所：明治大学駿河台キャンパス、研究棟4階第2会議室
発表者：飯尾潤（政策研究大学院大学教授）
発表題目：「安倍政権と（参議院選挙後の）日本政治の将来」
討論者：李元徳（東京大学東洋文化研究所客員研究員、韓国国民大学日本研究所所長）
司会：李洪千（慶応大学専任講師）

第31回定例研究会
日時：2013年8月10日（土）　14：30〜18：30
場所：法政大学市ヶ谷キャンパス、富士見坂校舎1階　遠隔講義室
テーマ：「日本における民族教育の意味：朝鮮学校の歴史と現在」
発表者：宋基燦（大谷大学講師）：「朝鮮学校（における民族教育）の現況と課題」
　　　　金明秀（関西学院大学教授）：「在日コリアンの韓国ナショナリズムと人権
　　　　　　　──朝鮮学校「無償化」除外問題への態度を題材に」
討論者：李春熙（弁護士、銀座三原法律事務所）
　　　　梁英哲（弁護士、なんば国際法律事務所）
司会：柳赫秀（横浜国立大学教授）

第32回定例研究会
日時：2013年9月28日（土）　16：30〜19：00
場所：明治大学駿河台キャンパス、研究棟4階第2会議室
発表者：岩下明裕（北海道大学スラブ研究所教授）
発表題目：「ボーダースタディーズからみた『独島／竹島問題』──歴史主義の罠をこ
　　　　　えて」
討論者：南相九（韓国東北亜歴史財団研究委員）
司会：李光鎬（慶應大学教授）

第33回の定例研究会
日時：2013年12月7日（土）　15：00〜18：30
場所：駐日大韓民国大使館大会議室

発表者：朴正鎮（津田塾大学国際関係学科准教授）「1980年、日韓関係と北朝鮮——韓国外交アーカイブから」
丁智恵（東京大学大学院学際情報学府博士課程・日本学術振興会特別研究員）「戦後日本のテレビ・ドキュメンタリーにおける在日コリアンの表象」
司会：黄盛彬（立教大学教授）

第34回定例研究会

日時：2014年1月25日（土）　15：00〜18：30
場所：明治大学駿河台キャンパス、リバティタワー14階1145教室
テーマ：「今後の日本の防衛体制・政策の行方：新防衛大綱、防衛省改変、そして、集団的自衛権行使容認へ」
基調講演：柳澤協二（国際地政学研究所理事長、前内閣官房副長官補（安全保障担当））
講演題目：「安倍政権の安保政策批判」
討論者：鈴木佑司（法政大学教授）
　　　　植村秀樹（流通経済大学教授、沖縄国際大学研究員）
　　　　李元德（韓国国民大学教授、東京大学東洋文化研究所客員研究員）
　　　　園田耕司（朝日新聞記者）
司会：権鎬淵（法政大学教授）

第35回定例研究会

日時：2014年4月5日（土）　15：00〜18：30
場所：明治大学駿河台キャンパス、研究棟第二会議室
テーマ：「今日韓の教育に何が起きているのか？——日韓両国における教育のナショナル化趨勢の診断と展望」
基調講演：新藤宗幸（後藤・安田記念東京都市研究所研究担当常務理事、千葉大学名誉教授）
発表者：中嶋哲彦（名古屋大学教授）
　　　　権五定（龍谷大学教授）
司会：李修京（東京学芸大学准教授）

第36回定例研究会

日時：2014年5月31日（土）　15：00〜18：00
場所：法政大学市ヶ谷キャンパス、外濠校舎S301号
発表者：車恵英（早稲田大学客員研究員、韓国漢陽大学教授）
発表題目：「1930年〜1940年代『植民地二重言語文学の場』と日本語使用」
討論者：渡辺直紀（武蔵大学教授）
　　　　金広植（國學院大學兼任講師）
司会：鄭英淑（杏林大学准教授）

第37回定例研究会

日時：2014年6月28日（土）　14：30〜18：30

場所：法政大学市ヶ谷キャンパス、富士見坂校舎303教室
発表者：金根植（韓国慶南大学政治外交学科教授）
発表題目：「金正恩体制と南北関係」
討論者：平井久志（フリージャーナリスト）
　　　　朴正鎮（津田塾大学准教授）
司会：金慶珠（東海大学准教授）

第38回定例研究会
日時：2014年10月25日（土）　13：00〜16：00
場所：法政大学市ヶ谷キャンパス、富士見坂校舎302教室
テーマ：「アジアの少子高齢化とケア労働のグローバル化──日韓を中心に」
発表者：安里和晃（京都大学准教授）
討論者：春木育美（東洋英和女学院大学准教授）
司　会：金香男（フェリス女学院大学准教授）

第39回定例研究会
日時：2015年12月13日（土）　15：00〜18：30
場所：法政大学市ヶ谷キャンパス、外濠校舎F-508
座談会：「日韓言論の慰安婦報道について考える」
　　　　李光鎬（慶応大学教授）、黄盛彬（立教大学教授）、崔虎元（韓国SBS、慶応大訪問研究員）、張源宰（韓国東亜日報、慶応大訪問研究員）
討論者：金慶珠（東海大学准教授）、金富子（東京外国語大学教授）、伊藤智永（毎日新聞）
司会：柳赫秀（横浜国立大学教授）

第40回定例研究会
日時：2015年3月7日（土）　15：00〜18：30
場所：法政大学市谷キャンパス、外堀校舎S204
発表者：樋口直人（徳島大学教授）
発表題目：「日本の排外主義運動をめぐるミクロ分析──活動家の背景と動機をめぐって」
討論者：李洪千（慶応大学専任講師）
　　　　原田（趙）学植（弁護士、東京神谷町綜合法律事務所）
司会：申琪榮（お茶の水女子大学大学院准教授）

第41回定例研究会
日時：2015年5月30日（土）　15：00〜18：30
場所：法政大学市谷キャンパス、外堀校舎
テーマ：「新安全保障法制の内容分析を通じてみる今後日本の安全保障体制」
基調報告：中村進（海上自衛隊幹部学校主任研究開発官）
個別報告：蔵前勝久（朝日新聞記者）：2014年7月1日の閣議決定までの裏話や今後

　　　　の見通し
　　　　森川幸一（専修大学教授）国際法の立場から
　　　　木村草太（首都大学東京准教授）憲法の立場から
　　　　山本吉宣（新潟県立大学教授、東京大学名誉教授）国際関係の立場から
　　　　掛江朋子（横浜国立大学准教授）　国際法の立場から
司会：柳赫秀（横浜国立大学教授）

第42回定例研究会
日時：2015年7月18日（土）　15：00～18：30
場所：法政大学市ヶ谷キャンパス、外濠校舎S404号室
テーマ：「静岡本名裁判」についての座談会
パネリスト：田中宏（一橋大学名誉教授）
　　　　　　李宇海（弁護士、「在日法曹フォーラム」副代表）
　　　　　　小田川綾音（弁護士、「無国籍研究会」代表）
　　　　　　尹照子（民族名を取り戻した日本国籍者）
　　　　　　舘田晶子（北海学園大学教授）
モデレーター：柳赫秀（横浜国立大学教授）

第43回定例研究会
日時：2015年10月4日（日）　15：30～18：30
場所：明治大学駿河台キャンパス、研究棟4階第2会議室
テーマ：「在日コリアンをめぐる法律問題」
発表者：金彦叔（文京学院大学准教授）
　　　　「在日コリアンの相続問題に関する一考察」
　　　　李春熙（弁護士、銀座三原橋法律事務所）
　　　　「在日コリアンの相続処理を巡る実務上の諸問題」
司会：殷勇基（弁護士、東京千代田法律事務所）

第44回定例研究会
日時：2015年12月19日（土）　15：00～18：30
場所：法政大学市ヶ谷キャンパス、富士見坂校舎303号
発表者：新城道彦（フェリス女学院大学准教授）（『天皇の韓国併合──王公族の創設
　　　　と帝国の葛藤』（法政大学出版局、2011年）、『朝鮮王公族──帝国日本の準
　　　　皇族』（中公新書、2015年）の著者）
発表題目：「史料にみる帝国日本の王公族」
司会：柳赫秀（横浜国立大学教授）

第45回定例研究会報告（「在日法律家協会」との共同開催）
日時：2016年2月6日（土）　15：00～18：30
場所：東京大学教育学部大会議室
テーマ：「新入管法施行3年半を振り返る！」

発表者:近藤敦(名城大学教授)
　　　　関聡介(弁護士、銀座プライム法律事務所)
　　　　殷勇基(弁護士、東京千代田法律事務所)
討論者:柳赫秀(横浜国立大学教授)
　　　　金哲敏(弁護士、シティユーワ法律事務所)
司会:金紀彦(弁護士、弁護士法人オルビス)

2. 日韓社会文化シンポジウム他

第1回　日韓社会文化シンポジウム
「在日韓国人社会の現在と未来」
主催:横浜フォーラム、韓国学術研究院、早稲田朝鮮文化研究所
後援:駐日大韓民国大使館、朝日新聞社、韓国国際交流財団、(株)大韓製糖
日時:2007年11月16日(金)　13:00～17:30
場所:国際文化会館講堂

第2回　日韓社会文化シンポジウム
「日韓両国におけるぷちナショナリズム兆候群の分析と評価」
主催:韓国人研究者フォーラム、韓国学術研究院
後援:TS大韓製糖、韓国国際交流財団
日時:2009年6月4日(木)　14:00～18:00
場所:ソウル言論財団19階記者会見場

第3回　日韓社会文化シンポジウム
「日韓関係100年——省察と課題」
主催:韓国学術研究院、韓国人研究者フォーラム
後援:民団大阪本部、民団中央本部、大阪韓国文化院、朝日新聞、韓国国際交流財団、TS大韓製糖
日時:2010年7月9日(金)　13:00～17:30
場所:帝国ホテル大阪5階 八重の間

第4回　日韓社会文化シンポジウム
「大災害後日本社会の行方」
主催:韓国人研究者フォーラム、韓国学術研究院
後援:TS大韓製糖、アジア研究基金
日時:2011年9月16日(金)　13:30～18:00
場所:ソウル言論財団19階記者会見場

第5回　日韓社会文化シンポジウム
「緊急日韓関係診断——歴史的・構造的視点から」
主催:韓国人研究者フォーラム、韓国学術研究院

後援：TS大韓製糖、駐日大韓民国大使館、民団中央本部、東京韓国文化院
日時：2012年11月16日（金）　13：30〜18：30
場所：明治大学駿河台キャンパス、リバティー・タワー地下1階1001番教室

第6回　日韓社会文化シンポジウム
「緊急日韓関係診断（その2）――現状適合的な処方箋を探る」
主催：韓国人研究者フォーラム、韓国学術研究院
後援：明治大学
日時：2013年11月22日（金）　13：00〜18：00
場所：明治大学駿河台キャンパス、グローバル・フロント1階グローバル・ホール

第7回　日韓社会文化シンポジウム
「日本社会の構造的変化と日韓関係」
主催：韓国人研究者フォーラム、韓国東北アジア歴史財団、韓国学術研究院
後援：民団中央本部、大韓民国在外同胞財団
日時：2014年11月28日（金）　13：00〜18：20
場所：韓国中央会館（在日本大韓民国民団本部建物）8階

第8回　日韓国交正常化50周年記念シンポジウム
「日韓経済経営50年の歩みと展望」
主催：韓国人研究者フォーラム、東アジア経済経営学会
日時：2015年4月25日（土）　13：00〜18：00
場所：明治大学駿河台キャンパス、グローバル・フロント1階グローバル・ホール

第9回　「2015 Academic Conference on Higher Education in East Asia」
Theme：University Rankings, Internationalization and Quality of Higher Education in East Asia
Date/Time：2015 November 14（Saturday）2：00〜5：30 pm
Venue：International Conference Room at Dialogue House, International Christian University（ICU）, Tokyo
Organizer：The Global Research Network for Liberal Arts Education at Institute of Educational Research and Service（IERS）of ICU
Sponsors：Korean Scholars' Forum in Japan and Institute for Educational Research and Service, ICU

〔著者紹介〕（執筆順）　※は編集委員

※鞠 重鎬（クック・ジュンホ）
一橋大学大学院経済学研究科博士課程修了（経済学博士）
現在、横浜市立大学国際総合科学部教授
主要著書・論文：
『韓国の財政と地方財政』（横浜市立大学学術研究会新叢書No7、春風社、2015年）
『호리병 속의 일본（ひさごの中の日本）』（한울（図書出版ハヌル）、2013年）
"Does Local Autonomy Enhance the Autonomy in Local Public Finance?: Evidence from the Case of Korea"（*Korea and the World Economy*, Vol.16, No.1, 2015）

權 五景（グォン・オーギョン）
新潟大学大学院現代社会文化研究科博士課程修了（経済学博士）
現在、長岡大学経済経営学部准教授
主要著書・論文：
「創業年と企業規模から見た対韓輸出日本企業の特徴――中小企業が弱いから対日貿易赤字になるのか」（『長岡大学研究論叢』No.13、2015年）
「19世紀半ば以降のアメリカ経済と1990年以降の世界経済の共通点」（『東アジア経済経営学会誌』No.7、2014年）
「通貨危機前後の中小企業金融の展開」（『現代韓国経済』日本評論社、2005年）

金 敬鎬（キム・キョンホ）
専修大学大学院文学研究科国文学専攻（博士）
現在、目白大学外国語学部韓国語学科教授
主要著書・論文：
『こだわり中級韓国語』（三修社、2012年）
「日・韓・中における外国地名の漢字音訳表記」（『専修国文』第65号、1999年）
「日本語から借用された韓国西洋医学用語調査研究」（『日本語文学』33、2007年）
「日本語母語話者の韓国語学習に関する意識調査」（『目白大学人文学研究』第5号、2008年）

李 香鎮（イ・ヒャンジン）
リーズ大学コミュニケーション学科博士学位取得（University of Leeds, Faculty of Performance, Visual Arts and Communications, Doctoral Program in Media and Communication）
現在、立教大学異文化コミュニケーション学部教授
主要著書・論文：
Contemporary Korean Cinema: Identity, Culture and Politics（Manchester University Press, 2001）
『韓流の社会学――ファンダム、家族、異文化交流』（岩波書店、2008年）
"*Wonhon*, Death and the Family in Four Films of the 1960s"
（Alison Peirse and Daniel Marin eds., *Korean Horror Cinema*, Edinburgh University Press, 2013）

黄 盛彬（ファン・ソンビン）
立教大学大学院社会学研究科博士課程修了（社会学博士）
現在、立教大学社会学部教授
主要著書・論文：
『韓流のうち外──韓国文化力と東アジアの融合反応』（共編著、御茶ノ水書房、2007年）
「Cool Japan Discourse and Techno-Nationalism」（『情報社会学会誌』32（4）、2015年）
「ネット右翼と反韓流、排外主義の世論」（『日本批評』（ソウル大学日本研究所）、第10号、2014年2月）

※**李 正連**（イ・ジョンヨン）
名古屋大学大学院教育発達科学研究科博士課程修了（教育学博士）
現在、東京大学大学院教育学研究科准教授
主要著書・論文：
『韓国社会教育の起源と展開──大韓帝国末期から植民地時代までを中心に』（大学教育出版、2008年）
『社会教育・生涯学習の再編とソーシャル・キャピタル』（共著、大学教育出版、2012年）
『日本の社会教育・生涯学習──新しい時代に向けて』（共編著、大学教育出版、2013年）

※**李 旼珍**（イ・ミンジン）
東京大学大学院人文社会系研究科博士課程修了（社会学博士）
現在、立教大学社会学部教授
主要著書・論文：
『賃金決定制度の韓日比較』（梓出版社、2000年）
「コミュニティ・ユニオニズムの多様性──日本と韓国のコミュニティ・ユニオニズムの比較」（『大原社会問題研究所雑誌』No.640、2012年）
"Building Regional Networks between Labor Union and Communities in Korea"（*Development and Society* ,Vol.44, No.2, September 2015）

申 惠丰（シン・ヘボン）
東京大学大学院法学政治学研究科博士課程修了
現在、青山学院大学法学部教授
主要著書・論文：
『国際人権法──国際基準のダイナミズムと国内法との協調』（信山社、2013年）
『人権条約の現代的展開』（信山社、2009年）
『人権条約上の国家の義務』（日本評論社、1999年）

国家主義を超える日韓の共生と交流
――日本で研究する韓国人研究者の視点

2016年6月5日　初版第1刷発行

編　者	韓国人研究者フォーラム 編集委員会　李旼珍・鞠重鎬・李正連
発行者	石井昭男
発行所	株式会社　明石書店 〒101-0021　東京都千代田区外神田6-9-5 電話　　03（5818）1171 FAX　　03（5818）1174 振替　　00100-7-24505 http://www.akashi.co.jp
組　版	朝日メディアインターナショナル株式会社
装　丁	明石書店デザイン室
印刷・製本	モリモト印刷株式会社

（定価はカバーに表示してあります）　　ISBN978-4-7503-4345-7

JCOPY 〈（社）出版者著作権管理機構　委託出版物〉
本書の無断複写は著作権法上での例外を除き禁じられています。複写される場合は、そのつど事前に、（社）出版者著作権管理機構（電話 03-3513-6969、FAX 03-3513-6979、e-mail: info@jcopy.or.jp）の許諾を得てください。